Troyes
1870

Lalore, Charles (éd.)

Les anciens pouillés des paroisses incorporées au diocèse de Troyes en 1801

LES

ANCIENS POUILLÉS

DES

PAROISSES INCORPORÉES

AU DIOCÈSE DE TROYES

EN 1801

PAR

M. l'Abbé Ch. LALORE

Professeur de Théologie au Grand-Séminaire de Troyes

TROYES

IMPRIMERIE ET LITHOGRAPHIE E. CAFFÉ

Rue du Temple, 27

—

1870

Permettez-moi de compléter le rapport que j'ai eu l'honneur d'adresser à votre Grandeur sur les paroisses du diocèse de Troyes ancien et nouveau.

Votre diocèse, Monseigneur, acquit en 1804 cent trente-six paroisses nouvelles. Parmi ces paroisses, cent seize appartenaient à l'ancien diocèse de Langres et constituent maintenant la plus belle partie du diocèse de Troyes, de l'est au sud; vingt paroisses qui appartenaient à l'ancien diocèse de Sens bordent a frontière de votre diocèse du sud à l'ouest. Or, ces nouvelles paroisses sont fort peu connues au point de vue de la statistique et de l'organisation ecclésiastique ancienne, parce que les plus anciens pouillés des diocèses de Sens et de Langres n'ont pas été imprimés. J'ai donc cru qu'il serait utile d'extraire de ces pouillés tout ce qui concerne les paroisses nouvellement acquises par notre diocèse.

Les extraits que je donne pourront servir en quelque sorte de complément au *Pouillé du diocèse de Troyes rédigé en 1407*, et publié par M. d'Arbois de Jubainville en 1853.

Ce petit travail n'a rien de bien attrayant, mais l'histoire pourra en retirer quelque utilité. J'ose donc espérer, Monseigneur, que Votre Grandeur accueillera avec son indulgence accoutumée ce faible résultat de recherches et de labeurs qu'elle a daigné encourager de sa haute approbation.

J'ai l'honneur d'être avec le plus profond respect,
Monseigneur,
de Votre Grandeur
le très-humble et très-obéissant serviteur.

Ch. LALORE.

Troyes, le 15 Décembre 1869.

INTRODUCTION

Première Section. — Diocèse de Langres.

CHAPITRE I

DOCUMENTS RELATIFS A L'ANCIENNE DIVISION DU DIOCÈSE DE LANGRES

Les cent seize paroisses nouvelles, acquises par le diocèse de Troyes sur l'ancien diocèse de Langres, ayant appartenu aux trois doyennés de Bar-sur-Aube, de Bar-sur-Seine et de Saint-Vinnemer, nous croyons utile de donner quelques détails préliminaires sur la division territoriale de l'ancien diocèse de Langres.

Le texte le plus ancien indiquant l'existence d'archiprêtres territoriaux est un passage de Grégoire de Tours (1), d'après lequel Mondericus, évêque élu de Langres, administre le Tonnerrois en qualité d'archiprêtre. Les lettres de Betto, évêque de Langres, mentionnent, en 794, deux archidiacres (2). Une lettre de l'évêque Agrimus

---

(1) Hist. Francor. l. V. c. V.
(2) Gallia Christ. nova. T. IV *Instr*. col. 128.

en nomme trois en 904 (1); une autre charte du même évêque, du mois de septembre 906, en nomme quatre (2); enfin, les six archidiacres de Langres sont désignés, dès l'an 1068, dans une charte de Hugues Renaud, de Bar-sur-Seine, évêque de Langres, en faveur de l'abbaye de Saint-Michel de Tonnerre (3). Dès le xiie siècle, les noms de la plupart des doyennés sont mentionnés, comme le prouvent les nombreuses chartes recueillies par le P. Jacques Vignier, dans sa *Décade historique de Langres* (4).

Mais les documents les plus complets et les plus précis sur la division territoriale du diocèse de Langres se trouvent dans les *Pouillés*. Le pouillé de Langres a été imprimé en français par Alliot, en 1648. Ce travail fourmille d'inexactitudes. En 1868, M. l'abbé Vouriot, vicaire général de Langres, a recomposé, d'après divers documents, un pouillé du diocèse qu'il a intitulé : *L'Evêché de Langres au XVIe siècle*. La même année, M. l'abbé Vouriot a publié sous ce titre : *L'Evêché de Langres au XVIIIe siècle*, le *Polerium diœcesis Lingonensis, Ill. ac RR. DD. Petri de Pardaillan de Gondrin d'Antin jussu ac mandato confectum, anno* 1732. Ce manuscrit se trouve à la Bibliothèque de Chaumont.

Dans un procès relatif à Jully-aux-Nonnains, en 1534 (5), les anciens pouillés du diocèse de Langres sont cités; or, ces pouillés sont : 1º celui de 1371, 2º un registre de la taxe des bénéfices de l'an 1420, 3º le pouillé de Jean d'Amboise, de l'an 1492. — 1º Nous n'avons pu découvrir le texte de 1371, ni celui de 1420; mais la Bibliothèque impériale possède un pouillé général, latin 10,031, écrit en 1435, et resté inachevé : au folio 45 on trouve une copie

---

(1) Pérard. *Recueil* p. 53.
(2) Ibid. p. 55.
(3) Gallia Christ. nova. T. IV *Instr.* col. 146.
(4) Bibl. imp. F. Franc. 5902-5998.
(5) Archiv. Côte-d'Or. Molême carton 84.

du pouillé de Langres, qui n'est autre, selon nous, que la copie du pouillé de 1371 et du registre de 1420; elle est intitulée : *Registrum taxationis beneficiorum civitatis et diœcesis Lingonensis ad decimam :* le pouillé général de la Bibliothèque impériale a dû être rédigé pour la levée des décimes papales. 2° On trouve à la Bibliothèque impériale, Fonds Français 4437, fol. 132-144 r°, une copie authentique du pouillé de Jean d'Amboise « rédigé en 1492 et signé de sa propre main. Il commence ainsi : *Incipit liber sive rotulus omnium beneficiorum Episcopatus Lingonensis;* il finit par ces mots :*Abbas Belli Loci. Abbas dulcis Vallis. Prior de firmitate. Prior de Maiseriis. Prior de Aubigneyo.* » Cette copie, authentiquement certifiée conforme à l'original, est du 12 mai 1605. A cette occasion, des additions peu considérables et concernant principalement les chapellenies, furent faites au pouillé de 1492, *ad calcem;* ces additions sont extraites des copies non authentiques du même pouillé tirées au XVI° siècle. 3° A la bibliothèque impériale, latin 5199, copie du pouillé de Langres du XVI° siècle. 4° Aux archives de l'Aube, copie du XVI° siècle transcrite au XVIII°. 5° A la Bibliothèque impériale, latin 5218, copie du XVII° siècle ainsi que dans le pouillé général Fonds Saint Germain, 879, t. I, p. 602.

Or, dans tous ces documents, comme dans le pouillé de 1435, le diocèse de Langres est divisé en 17 doyennés qui sont nommés dans cet ordre.

  1. Decanatus Lingonensis (Langres).
  2. .... Morgii (Moge).
  3. .... Bassigneii (Bassigny).
  4. :........ Petreflite (Pierrefaite).
  5. .... Divionensis (Dijon).
  6. .... Besuensis (Bèze).
  7. .... Fontisvenne (Fouvent).
  8. .... Granceii (Grancey).
  9. .... Sancti Sequani (Saint-Seine).

10. Tornodorensis (Tonnerre).
11. Reomensis (Réome ou Moutier-Saint-Jean).
12. Molismensis (Molême).
13. Vimmerii (Saint-Vinnemer).
14. Castellionis (Châtillon-sur-Seine).
15. Barri super Sequanam (Bar-sur-Seine).
16. Calvimontis (Chaumont).
17. Barri super Albam (Bar-sur-Aube).

Ces dix-sept doyennés ruraux sont rattachés, dans le pouillé de 1492, à six archidiaconés :

Archidiaconatus :	Decanatus :
I. Lingonensis	1. Lingonensis.
	2. Mogii.
II. Tornodorensis	3. Tornodorensis.
	4. Molesmensis.
	5. Reomensis.
	6. Vimmerii.
III. Laticensis (Laçois)	7. Barri super Sequanam.
	8. Castellionis.
IV. Barrensis	9. Barri super Albam.
	10. Calvimontis.
V. Bassigneii	11. Bassigneii.
	12. Petraflcte.
VI. Divionensis	13. Divionensis.
	14. Sancti Sequani.
	15. Granceii.
	16. Besuensis.
	17. Fontisvenne.

L'ordre correspondant au pouillé de 1435 serait celui-ci : I. *Archidiaconatus Lingonensis*. — II. *Bassignii*. — III. *Divionensis*. — IV. *Tornodorensis*. — V. *Latiscensis*. — VI. *Barrensis*.

Mais quoiqu'il en soit de l'ordre dans lequel sont rangés les archidiaconés dans les divers manuscrits, le territoire des archidiaconés demeure invariablement le même du XVᵉ à la fin du XVIIIᵉ. 1° Le doyenné de Bar-sur-Aube a toujours fait partie de l'archidiaconé du Barrois; 2° le doyenné de Bar-sur-Seine a toujours fait partie de l'archidiaconé du Laçois; 3° le doyenné de Saint-Vinnemer a toujours fait partie de l'archidiaconé du Tonnerrois.

CHAPITRE II

L'ARCHIDIACONÉ DU BARROIS

—

§ I. — *Juridiction de l'Archidiacre du Barrois et territoire de l'Archidiaconé.*

I. L'archidiaconé du Barrois remonte à une très-haute antiquité; toutefois, les noms des premiers archidiacres nous sont inconnus. En 1207, nous trouvons *Jacobus, archidiaconus Barrensis* (1), c'est peut-être le premier archidiacre du Barrois qui joigne son nom à celui du territoire soumis à sa juridiction.

Jusqu'à la fin du XVIe siècle l'archidiacre du Barrois fut chargé de la visite annuelle des églises paroissiales de son archidiaconé. Pour la visite de chaque église il recevait, à titre de procuration, 53 sous 4 deniers payés par le curé; les dépenses occasionnées par la visite étaient à la charge de la fabrique. En cours de visite, l'archidiacre du Barrois avait la juridiction de l'official, et la troisième partie de toutes les amendes.

II. A partir du commencement du XVe siècle, d'après tous nos pouillés, l'archidiaconé du Barrois comprenait : 1o la vallée de l'Aube, depuis Châteauvillain jusqu'à Jaucourt; 2o celle de la Marne, depuis Crenay jusqu'à Villiers-sur-Marne; 3o celle de Rognon, depuis Lanques jusqu'à Montet. Du XVIe au XVIIIe siècle ce territoire est invariablement divisé en deux doyennés, le doyenné de Bar-sur-Aube et le doyenné de Chaumont.

___

(1) Cartul. Longuey. — Archives Haute-Marne. — D'Arbois de Jubainville. *Histoire de Bar-sur-Aube*, p. 44.

§ II. *Doyenné de Chaumont.*

Nous ne dirons qu'un mot du doyenné de Chaumont; il avait pour chef-lieu Chaumont en Bassigny, comme le prouve évidemment la circonscription territoriale invariablement assignée à ce doyenné dans tous les pouillés. En effet cette circonscription se compose de toutes les paroisses situées aux environs de Chaumont en Bassigny. Il faut donc abandonner l'opinion de M. Desnoyers, qui place le chef-lieu de ce doyenné à Chaumont-le-Bois, canton de Châtillon-sur-Seine (1). Ce chef-lieu eût été complètement séparé de son territoire, ce qui est inadmissible; d'ailleurs, tous nos pouillés placent Chaumont-le-Bois *(Calvus mons in bosco)*, dans le doyenné de Châtillon-sur-Seine (2). Et ce qui lève toute espèce de doute sur cette question, c'est qu'à partir du XVIe siècle le chef-lieu du doyenné de Chaumont, d'après nos pouillés, est fixé à Viéville, qui se trouve dans l'arrondissement de Chaumont en Bassigny et dans le canton de Vignory. Le P. Jacques Vignier, dans sa *Décade historique de Langres* (3), annonce ainsi le livre III de l'histoire des Ambarres : « Comprenant l'histoire particulière de l'archidiaconé du Barrois divisé en deux doyennez, celui de Bar-

---

(1) Annuaire historique 1853, p. 143.

(2) Peut-être se demandera-t-on pourquoi Chaumont, dit en Bassigny, n'appartenait pas à l'archidiaconé de Bassigny, qui comprenait seulement les deux doyennez d'Is en Bassigny et de Pierrefaite? Chaumont n'est attribué au Bassigny que dans des documents relativement modernes, il ne faisait pas partie de l'ancien *pagus Bassiniacensis*, qui aurait correspondu à peu près à la circonscription de l'archidiaconé du Bassigny donnée par les pouillés, à partir du XVe siècle, de même que l'ancien *pagus Barrensis* aurait correspondu à peu près à la circonscription de l'archidiaconé du Barrois, telle qu'elle est donnée par les mêmes pouillés. — Cfr. D'Arbois de Jubainville, *Note sur les deux Barrois*, p. 9.

(3) Bibl. Imp. F. Franc. 5996, fol. 4-69.

sur-Aube et celui de Chaumont, dont le doyen est le curé
de Viéville. »

§ III. — *Doyenné de Bar-sur-Aube.*

Le doyenné de Bar-sur-Aube, *Decanatus Barrensis,
Barri, Barri super Albam,* avait pour chef-lieu Bar-
Aube, de même que l'ancien *pagus Barinsis super fluvium
Alba* désigné dans la bulle de Jean VIII, vers 876, et dans
le diplôme de Charles-le-Chauve, de l'an 877 ([1]).

Un des plus anciens doyens de Bar-sur-Aube dont le
nom soit parvenu jusqu'à nous, est *Radulfus,* qui apparaît
en 1147 ([2]).

Jusque vers la fin du XVIe siècle, d'après nos pouillés,
le doyen de Bar-sur-Aube visitait tous les ans une fois les
églises paroissiales de son doyenné. A chaque visite il
recevait, à titre de procuration, 14 blancs payés par les
marguilliers ainsi que la dépense occasionnée par la visite. Il pouvait condamner jusqu'à 5 sous d'amende.

A partir du XVe siècle, le doyenné de Bar-sur-Aube
apparaît, dans tous nos pouillés, comme nous l'avons
déjà dit, uni au doyenné de Chaumont, pour former
ensemble l'archidiaconé du Barrois, et cette division territoriale représente certainement celle des temps anté-
rieurs. Vers 1740, le doyenné de Bar-sur-Aube ayant été
démembré pour former le doyenné de Châteauvillain, ce
dernier resta, jusqu'à la Révolution, uni à l'archidiaconé
du Barrois. M. Desnoyers est donc en contradiction avec
tous nos pouillés quand il sépare le doyenné de Bar-sur-
Aube de celui de Chaumont, pour l'unir à celui de Bar-

---

(1) Jolibois, *La Haute-Marne anc. et mod.,* p. 288. — Doublet, *Histoire
de l'Abbaye de Saint-Denis ,* p. 807.
(2) Cartul. Clairvaux. *Ultra Albam I.*

sur-Seine et constituer ainsi l'archidiaconé du Barrois. Cette contradiction ressortira encore davantage lorsque nous prouverons tout à l'heure, par les mêmes Pouillés, que le *Decanatus Barri super Sequanam* et le *Decanatus Castellionis super Sequanam* furent constamment unis depuis leur création, pour constituer l'archidiaconé du Laçois (1).

§ IV. — *Territoire de l'ancien Doyenné de Bar-sur-Aube.*

I. Eglises. — II. Chapelles. — III. Autres Bénéfices.

I. Trente-trois églises existaient sur le territoire de l'ancien doyenné de Bar-sur-Aube, acquis par le diocèse de Troyes. (Les noms des anciennes succursales sont en lettres italiques).

1. Ailleville : c^n eccl. et civ., Bar-sur-Aube.
2. Arconville : c^n eccl. et civ., Bar-sur-Aube.
3. Arrentières : c^n eccl. et civ., Bar-sur-Aube.
4. Arsonval : c^n eccl. et civ., Bar-sur-Aube.
5. Baroville : c^n eccl. et civ., Bar-sur-Aube.
6. Bayel : c^n eccl. et civ., Bar-sur-Aube.
7. Bergères : c^n eccl. et civ., Bar-sur-Aube.
8. Bligny : c^n eccl. et civ., Vendeuvre.
9. Champignolles : c^n eccl. et civ., Bar-sur-Aube:

---

(1) M. Desnoyers, qui réunit les deux doyennés de Bar-sur-Seine et de Bar-sur-Aube pour former l'archidiaconé du Barrois, a été égaré par le manuscrit 5190, pouillé fort négligé, qui est reproduit par le manuscrit 5218, encore plus défectueux : 1° le manuscrit 5199 omet le titre *Archidiaconatus Latiscensis*, en sorte que les doyennés de cet archidiaconé sont écrits sans distinction à la suite des doyennés de l'archidiaconé du Barrois ; 2° le manuscrit 5218 omet le titre *Archidiaconatus Barrensis*, ce qui reproduit la même confusion. La séparation des doyennés devait se faire entre le *Decanatus Barri super Sequanam* et le *Decanatus Barri super Albam* qui se trouvent rapprochés dans les deux manuscrits, quoique appartenant à deux archidiaconés différents.

10. Colombé-le-Sec : c^n eccl. et civ., Bar-sur-Aube.
11. Couvignon : c^n eccl. et civ., Bar-sur-Aube.
12. Engentes : c^n eccl. et civ., Bar-sur-Aube.
13. *Fontaines :* c^n eccl. et civ., Bar-sur-Aube.
14. *Fravaux :* c^n eccl. et civ., Vendeuvre.
15. Jaucourt : c^n eccl. et civ., Bar-sur-Aube.
16. *Juvancourt :* c^n eccl. et civ., Bar-sur-Aube.
17. Lignol : c^n eccl. et civ., Bar-sur Aube.
18. Longchamps : c^n eccl. et civ., Bar-sur-Aube.
19. *Maisons :* c^n eccl., Ville-sur-Terre, c^n civ., Soulaines.
20. Meurville : c^n eccl. et civ., Vendeuvre.
21. Montier-en-l'Isle : c^n eccl. et civ., Bar-sur-Aube.
22. Proverville : c^n eccl. et civ., Bar-sur-Aube.
23. Rouvres : c^n eccl. et civ., Bar-sur-Aube.
24. Saint-Pierre à Bar-sur-Aube, chef-lieu de c^n eccl.,
     c^n civ., Bar-sur-Aube.
25. Sainte-Germaine à Bar-sur-Aube.
26. Saint-Maclou à Bar-sur-Aube.
27. Sainte-Madeleine à Bar-sur-Aube.
28. Saulcy : c^n eccl., Ville-sur-Terre, c^n civ., Soulaines.
29. Spoix : c^n eccl. et civ., Vendeuvre.
30. Thors : c^n eccl., Ville-sur-Terre, c^n civ., Soulaines.
31. Urville : c^n eccl. et civ., Bar-sur-Aube.
32. Ville-sous-la-Ferté : c^n eccl. et civ., Bar-sur-Aube.
33. Voigny : c^n eccl. et civ., Bar-sur-Aube.

On ne trouve dans le pouillé de 1435 que vingt-quatre paroisses. Le pouillé de 1492 ajoute quatre paroisses omises dans le pouillé de 1435 : *Arrentières, Lignol,* la *Montagne Sainte-Germaine, Saulcy ;* la paroisse de Thors n'apparaît que dans les pouillés du XVIe siècle. Quoique les anciens pouillés en général ne désignent pas les succursales, on trouve cependant dans le pouillé de 1492, *Fontaines,* succursale de Proverville, et *Juvancourt,* succursale de Ville-sous-Laferté. Les pouillés plus récents ajoutent *Fravaux,* succursale de Spoix, et *Maisons,* succursale de Thors. Trois des Paroisses désignées dans les pouillés du XVe siècle ont disparu : 1° la paroisse de la montagne de Sainte-Germaine, appelée aussi Saint-Etienne, en 1159 (1); 2° Sainte-Madeleine de Bar-sur-Aube, donnée à la collégiale de Saint-Maclou, en 1165 (2), par Gauthier de Bourgogne, évêque de Langres; 3° Engentes. Cette ancienne paroisse n'est plus qu'une commune dépendant d'Arrentières. — L'église de la collégiale de Saint-Maclou était paroisse.

Le minimum du revenu des paroisses imposées est de xx l. soit xxx l. de revenu réel, au pouvoir de 1470 f. environ, monnaie d'aujourd'hui. — Huit paroisses dont le revenu est au-dessous de xx l. ne sont pas soumises à l'imposition.

II. Nos pouillés énumèrent dix-sept chapelles fondées sur le territoire des églises dont nous venons de parler.

Quatre sont désignées dans les pouillés du XVe siècle : deux dans l'église paroissiale de Saint-Pierre de Bar-sur-Aube, la chapelle de *Saint-Didier* et la chapelle de *Saint-Michel*; puis deux autres dans l'église de Saint-Maclou : la chapelle de *Saint-Nicolas* et la chapelle de *Saint-Barthélemy*.

Le pouillé de 1605 ajoute trois chapelles fondées : la chapelle de *Saint-Jacques*, dans l'église de Saint-Maclou de Bar-sur-Aube; la chapelle de *Sainte-Catherine*, au château de Bligny; la chapelle de *Sainte-Catherine*, dans l'église de Spoix.

Enfin, le pouillé de 1734 donne dix autres chapelles : six dans l'église de Saint-Maclou : la *Très-Sainte Trinité*, la *Conception* de la Sainte Vierge, l'*Annonciation* de la Sainte Vierge, *Saint-Etienne*, *Saint-Jean l'Evangéliste*,

---

(1) *Gallia Christ* t. IV. *inst.* col. 176. — E. Charta fundationis Eccles. colleg. S. Machuti.

(2) Cartul. S. Maclou, I, 4.

Sainte-Catherine; Saint-Antoine dans l'église de Fontaines; *Saint-Jean-Baptiste*, dans l'église de Jaucourt; *Saint-Nicolas*, dans l'église de Sainte-Madeleine, de Bar-sur-Aube; *Saint-Nicolas*, dans l'Eglise de Bligny.

Nous ferons remarquer : 1° que les chapelles portées dans les pouillés récents peuvent être de fondation très-ancienne : ainsi la chapelle de Saint-Etienne, dans l'église de Saint-Maclou, fut fondée par les parents du cardinal-doyen Pierre de Bar, mort en 1252; 2° que le silence des pouillés sur certaines chapelles prouve seulement la modicité de leur revenu, qui n'était pas soumis à l'imposition; 3° qu'il existait beaucoup d'autres chapelles soit dans les églises, soit sur le territoire des paroisses. Elles sont négligées par nos pouillés, parce qu'elles n'avaient pas de revenus fondés.

III. Sur la partie du territoire de l'ancien doyenné de Bar-sur-Aube acquis par le diocèse de Troyes, se trouvaient :

DEUX ABBAYES : 1° l'abbaye de *Clairvaux*, Ordre de Citeaux, fondée en 1114, par saint Bernard. Vers 1740, elle entra dans la circonscription du doyenné de Château-Villain; 2° l'abbaye de *Saint-Nicolas*, de Bar-sur-Aube, abbaye de femmes, dépendant de Saint-Victor, érigée en 1239, dans l'hospice Saint-Nicolas. Elle fut réunie, en 1401, au Val-des-Ecoliers, et devint un prieuré d'hommes, séparé de l'hospice Saint-Nicolas; enfin, en 1731, février, le roi réunit le prieuré à l'hospice Saint-Nicolas.

Le CHAPITRE DE SAINT-MACLOU, établi en 1159, par Henri, comte de Champagne, dans l'église paroissiale de Saint-Maclou. Il était composé de cinq dignités : le Doyen, le Prévôt, le Trésorier, le Chantre et le Sous-Chantre, et de vingt-neuf chanoines prébendés, d'après les anciens pouillés; on ne trouve plus que vingt-six prébendes vers la fin du xvi⁰ siècle.

CINQ PRIEURÉS : 1° le prieuré de *Sainte-Germaine*, à Bar-sur-Aube, fondé avant l'an 1054 (1); 2° le prieuré de *Saint-Pierre*, à Bar-sur-Aube, désigné sous le nom de *novum Monasterium* en 1159 (2); ces deux prieurés, de l'ordre de Saint-Benoît, dépendaient de l'abbaye de Saint-Claude; 3° le prieuré de *Montier-en-l'Isle*, paroisse du même nom, dépendant de l'abbaye de Montiéramey, existant en 1117; 4° le prieuré de *Belroy*, paroisse de Bayel, ordre de Saint-Augustin, existant avant 1225; 5° le prieuré de *Sainte-Eulalie*, paroisse d'Urville, ordre de Cluny, existant avant le 16 mars 1095 (3).

DEUX COMMANDERIES : 1° la commanderie d'*Arrentières*; 2° la commanderie de *Thors*.

La Léproserie de Bar-sur-Aube et l'*Hôpital du Saint-Esprit*, dans la même ville.

Le couvent des *Cordeliers*, de Bar-sur-Aube, établis en 1284; celui des *Capucins*, dans la même ville, et la communauté des *Ursulines*.

Les deux sacristies de *Saint-Pierre*, de Bar-sur-Aube, et de *Sainte-Germaine*, dans la même ville.

---

(1) Chifflet, *S. Bernardi gen. illust.*, 537-538.
(2) Gallia Christ., t. IV, *Instr.*, col. 177.
(3) Cartul. Cluny, t. I, p. 46.

CHAPITRE III

L'ARCHIDIACONÉ DU LAÇOIS ET SES DOYENNÉS

—

§ Ier. — *Territoire de l'archidiaconé du Laçois.* — *Juridiction de l'archidiacre.*

L'archidiaconé du Laçois emprunta son nom et ses limites primitives au *pagus Laticensis, Lastcensis, Ladsensis* (1) qui avait pour chef-lieu un *castellum* nommé *Latisco*, en roman *Latss*, et *Lasco* en latin ; il en reste encore quelques ruines sur la montagne qui domine le village de Vix (canton de Châtillon-sur-Seine). Cette montagne, désignée sous le nom de *mont Lassois*, dans la carte de France dressée par les officiers de l'état-major, est célèbre par la retraite de saint Loup, évêque de Troyes (2).

Du xve siècle à la fin du xviiie, selon nos pouillés, l'archidiaconé du Laçois comprit invariablement, pendant quatre cents ans, toutes les paroisses des deux doyennés de Châtillon-sur-Seine et de Bar-sur-Seine, c'est-à-dire la vallée de la Seine, depuis Fouchères exclusivement, jusqu'à Châtillon-sur-Seine inclusivement ; la vallée de l'Ource, en descendant depuis Recey jusqu'à la Seine ; une partie de la vallée de l'Aube, entre Lanty et Dancevoir.

Quoique l'archidiaconé du Laçois remonte aux premiers temps de la complète division territoriale du diocèse de Langres, le plus ancien archidiacre, à notre connaissance, qui joigne à son nom celui du Laçois soumis à sa juridic-

---

(1) Pardessus, *Diplomata*, t. II, p. 231.
(2) *Acta SS.*, t. VII *Julii*, p. 70, n. 6.

tion, est Pontius, qui approuve, en 1152, la donation de la paroisse de Loches, avec Landreville, sa succursale, donation faite à l'abbaye de Montiéramey par Geoffroy, évêque de Langres (1). Jusque vers la fin du xvi⁰ siècle, l'archidiacre du Laçois faisait la visite annuelle des églises paroissiales soumises à sa juridiction. Il recevait de chaque curé, comme procuration, 53 s. 4 d.; il recevait des marguilliers de chaque église la dépense d'une journée. L'archidiacre en cours de visite avait la juridiction de l'official, et percevait le tiers de toutes les amendes.

§ II. — *Le doyenné du Laçois.*

Jusqu'en 1162, l'archidiaconé du Laçois ne comprit que le doyenné du Laçois ; ce doyenné avait, par conséquent, les mêmes limites que l'archidiaconé lui-même, et embrassait toutes les paroisses qui formèrent plus tard non-seulement le doyenné de Châtillon, mais encore celui de Bar-sur-Seine. En effet, dans tous les actes relatifs aux paroisses environnant Bar-sur-Seine et situées à la frontière même de l'ancien doyenné de Bar-sur-Aube, c'est toujours le doyen du Laçois qui intervient, jusqu'en 1162 inclusivement (2) : preuve évidente, d'un côté, que le doyenné du Laçois, au moins au nord, avait la même circonscription territoriale que l'archidiaconé ; et, d'un autre côté, que le doyenné de Bar-sur-Seine n'existait pas encore. Le dernier doyen du Laçois qui figure dans les chartes, à la date de 1162, est *Hugo de Chalma Laticensis decanus* (3).

---

(1) Archiv. Aube. Origin. Montiéramey.
(2) Cartul. Clairvaux, *Grangia abbatie VI, Fontetum, Vitreium.* Cfr. *Décade historique de Langres.*
(3) Ibid.

§ III. — *Les doyennés de Châtillon-sur-Seine et de*
Bar-sur-Seine.

En 1163, Hugues de la Chaume qui, en 1162, signait
decanus Laticensis, commence à signer *decanus Castellio-*
nis super Sequanam (1) ; il est le premier doyen de Châtillon-
sur-Seine, et le doyenné du Laçois disparaît pour toujours.
Le doyenné de Châtillon-sur-Seine, créé en 1163, subsis-
tera jusqu'à la Révolution et appartiendra constamment à
l'archidiaconé du Laçois. Mais en 1163, le doyenné du
Laçois fut-il démembré pour former les deux doyennés de
Châtillon-sur-Seine et de Bar-sur-Seine, ou bien le chef-
lieu du doyenné du Laçois fut-il simplement transporté à
Châtillon-sur-Seine sans que l'ancien territoire du doyenné
du Laçois fût divisé, et conséquemment sans que le
doyenné de Bar-sur-Seine fût créé à ce moment-là même?
Nous l'ignorons. D'après les documents que nous avons
pu consulter, le doyenné de Bar-sur-Seine ne serait pas
aussi ancien que celui de Châtillon; peut-être ne fut-il
créé qu'au XIIIe siècle. Nous avons trouvé des actes nombreux de la seconde moitié de ce siècle qui constatent l'in-
tervention des doyens de Bar-sur-Seine. Le doyen de Bar-
sur-Seine avait droit de visite annuelle *super et extra ecclo-*
sias, et il recevait, en procuration, 25 sous qui étaient
payés par les marguilliers de chaque église ; la dépense
faite par le doyen et son clerc était aussi à la charge de la
fabrique.

---

(1) Cartul. Clairvaux, *Grangia abbatie* XV.

§ IV. — *Bar-sur-Seine a-t-il constamment appartenu soit au* pagus Laticensis, *soit à l'archidiaconé du Laçois?*

Il est incontestable que Bar-sur-Seine, avant d'avoir été érigé en doyenné, comme après, a toujours appartenu soit au *pagus Laticensis*, soit à l'archidiaconé du Laçois.

Plusieurs écrivains, égarés par des textes anciens qui désignent deux Barrois, *utrosque Barrenses* (1), affirmèrent que les deux Barrois étaient deux *pagus* qui avaient pour chefs-lieux, l'un Bar-sur-Aube, l'autre Bar-sur-Seine (2). Tout le monde convient que Bar-sur-Aube est le chef-lieu d'un *pagus* qui s'appelait *Barrensis*, mais s'il a existé un autre *pagus* portant le même nom, il est inadmissible que Bar-sur-Seine ait été le chef-lieu de ce *pagus*.

En effet : 1° A partir du xve jusqu'à la fin du xviiie siècle, comme nous l'avons dit plus haut (§ III, p. 3), nos pouillés ne laissent pas lieu au doute sur ce point; car dans tous ces documents, le doyenné de Bar-sur-Seine est constamment uni au doyenné de Châtillon-sur-Seine pour constituer l'archidiaconé du Laçois.

2° Ici nous invoquerons, pour remonter plus haut dans le cours des siècles, le fait historique signalé par H. Valois (3), Guérard (4), Le Prévost (5) et Desnoyers (6),

---

(1) Prudent. *Annal. Bertin.*, an 837. — Nithard, l. I, c. vi.

(2) Le P. Vignier, dans sa *Décade historique de Langres*, interprète ainsi ces textes « les deux Barrois, l'un de la Seine, l'autre de l'Aube. » Bibl., imp. F. Franc., 5996 fol. 4, v°. C'est le système de H. Valois : *Notitia Galliar.*, p. 75, système assez généralement suivi par les écrivains de nos jours. Cfr. *Note sur les deux Barrois.*

(3) *Notitia Gall. præf.*, p. 12.

(4) *Essai sur le système des divisions territoriales de la Gaule*, p. 143-165, et *Polyptique d'Irminon*, t. I, p. 42.

(5) *Mémoires de la Société des Antiq. de Normandie*, t. XI.

(6) *Annuaire historique*, 1863, p. 117.

à savoir que les archidiaconés dont les limites sont nettement déterminées au xvᵉ siècle par l'énumération des paroisses qu'ils comprennent, ont été la plupart composés avec les *pagi minores* dont ils nous représentent assez généralement la circonscription primitive. Or, les faits appuient cette théorie pour ce qui regarde l'archidiaconé du Laçois.

3⁰ En effet, tous les documents que nous citons en notes dans la *Seconde partie*, pour établir les formes anciennes des noms des paroisses, désignent, à partir de l'an 711 jusqu'en 1068, les localités suivantes comme appartenant soit au *pagus*, soit au *comitatus Laticensis* : Bagneux-la-Fosse, les Riceys, Gyé, la Chapelle d'Oze, Lantages, Vougrey, Villemorien, Bourguignons, Ville-sur-Arce, Vitry-le-Croisé, c'est-à-dire des localités qui entourent et dépassent aux quatre points cardinaux Bar-sur-Seine. Comment donc Bar-sur-Seine lui-même n'aurait-il pas appartenu au *pagus* ou *comitatus Laticensis* ? Mais la question est tranchée par la déposition d'un témoin bien informé : Avant l'an 1068, Azéca, dame de Bar-sur-Seine, dans une charte par laquelle elle donne à Saint-Michel de Tonnerre, deux moulins à Bar-sur-Seine, déclare que cette ville est sise *in comitatu Laticensis* (1). On voit qu'à cette date le comté de Bar-sur-Seine ne portait pas encore son nom. Au xiiᵉ siècle et au xiiiᵉ, les limites du comté de Bar-sur-Seine étaient parfaitement déterminées : le P. Vignier les porte au sud-est jusqu'à Mussy, d'où il tire vers le nord une ligne qu'il fait passer par Fontette et Vendeuvre, et tournant de là vers le midi, il la conduit par Jully-sur-Sarce, Lantages et Avirey-le-Bois, jusqu'aux

---

(1) Vignier, *Histoire manuscrite de Bar-sur-Seine*. p. 191. Cfr. *Art de vérifier les dates*, t. XI, p. 254, édit. de Saint-Allais. Cette donation fut confirmée en 1068, par Hugues Renaud, évêque de Langres (*Gallia Christ. Nova*, t. IV. *Instr.*, col. 146).

Riceys; or, ces limites sont précisément celles de l'archidiaconé du Laçois. Nous concluons donc que pendant toute la durée du moyen-âge, comme dans les temps modernes, Bar-sur-Seine a constamment appartenu soit au *pagus Laticensis*, soit à l'archidiaconé du Laçois.

§ V. — *Territoire de l'ancien doyenné de Bar-sur-Seine acquis par le diocèse de Troyes.*

—

I. Eglises paroissiales. — II. Chapelles fondées. — III. Autres bénéfices.

I. Le diocèse de Troyes possède maintenant tout l'ancien doyenné de Bar-sur-Seine; il comprenait soixante et une églises (les noms des anciennes succursales sont en lettres italiques) :

1. Arelles : cⁿ eccl., Ricey-Bas, cⁿ civ., les Riceys.
2. Avirey : cⁿ eccl., Ricey-Bas, cⁿ civ., les Riceys.
3. Bagneux-la-Fosse : cⁿ eccl., Ricey-Bas, cⁿ civ., les Riceys.
4. Balnot-sur-Laignes : cⁿ eccl., Ricey-Bas, cⁿ civ., les Riceys.
5. Bar-sur-Seine : chef-lieu de cⁿ eccl. et civ.
6. *Bertignolles* : cⁿ eccl. et civ., Essoyes.
7. Beurey : cⁿ eccl. et civ., Essoyes.
8. Bourguignons : cⁿ eccl. et civ., Bar-sur-Seine.
9. Briel : cⁿ eccl. et civ., Bar-sur-Seine.
10. Buxeuil : cⁿ eccl. et civ., Bar-sur-Seine.
11. *Buxières* : cⁿ eccl. et civ., Essoyes.
12. *Celles* : cⁿ eccl. et civ., Mussy.
13. Chassenay : cⁿ eccl. et civ., Essoyes.
14. *Chauffour* : cⁿ eccl. et civ., Bar-sur-Seine.
15. Chervey : cⁿ eccl. et civ., Essoyes.

16. Courtenot : cⁿ eccl. et civ., Bar-sur-Seine.
17. *Courteron* : cⁿ eccl. et civ., Mussy.
18. Cunfin : cⁿ eccl. et civ., Essoyes.
19. Eguilly : cⁿ eccl. et civ., Essoyes.
20. Essoyes : chef-lieu de cⁿ eccl. et civ.
21. Fontette : cⁿ eccl. et civ., Essoyes.
22. *Fralignes* : cⁿ eccl. et civ., Bar-sur-Seine.
23. Gyé-sur-Seine : cⁿ eccl. et civ., Mussy.
24. *Jully-le-Châtel* : cⁿ eccl. et civ., Bar-sur-Seine.
25. *Landreville* : cⁿ eccl. et civ., Essoyes.
26. Lantages : cⁿ eccl. et civ., Chaource.
27. *Lingey* : cⁿ eccl., Ricey-Bas, cⁿ civ., les Riceys.
28. Loches : cⁿ eccl. et civ., Essoyes.
29. *Loge-aux-Chèvres (la)* : cⁿ eccl. et civ., Vendeuvre.
30. Longpré : cⁿ eccl. et civ., Essoyes.
31. Magnant : cⁿ eccl. et civ., Essoyes.
32. Magnifouchard : cⁿ eccl. et civ., Vendeuvre.
33. Marolles-les-Bailly : cⁿ eccl. et civ., Bar-sur-Seine.
34. Merrey : cⁿ eccl. et civ., Bar-sur-Seine.
   Montmartin : cⁿ eccl. et civ., Essoyes (1).
35. Mussy : chef-lieu de cⁿ eccl. et civ.
36. *Neuville-sur-Seine* : cⁿ eccl. et civ., Mussy.
37. Noë-les-Mallets : cⁿ eccl. et civ., Essoyes.
38. *Plaines* : cⁿ eccl. et civ., Mussy.
39. Polisot : cⁿ eccl. et civ., Mussy.
40. Polisy : cⁿ eccl. et civ., Mussy.
41. *Praslin* : cⁿ eccl. et civ., Chaource.
42. *Puits (le)* : cⁿ eccl. et civ., Essoyes.
43. Ricey-Bas : chef-lieu de cⁿ eccl. et civ.
44. *Ricey-Haut* : cⁿ eccl., Ricey-Bas.
45. *Ricey-Haute-Rive* : cⁿ eccl., Ricey-Bas.

---

(1) *Martini Mons*, 1180-1192 (Cartul. Clairvaux). — *Mons Martini*, 1236 (Ibid.). — *Monsmartin*, 1581 (F. Clairvaux).

46. *Saint-Usage* : cⁿ eccl. et civ., Essoyes.
47. *Thieffrain* : cⁿ eccl. et civ., Essoyes.
48. Valsuzenay : cⁿ eccl. et civ., Vendeuvre.
49. Vauchonvilliers : cⁿ eccl. et civ., Vendeuvre.
50. Vendeuvre : chef-lieu de cⁿ eccl. et civ.
51. *Verpillières* : cⁿ eccl. et civ., Essoyes.
52. Villeneuve-au-Chêne (la) : cⁿ eccl. et civ., Vendeuvre.
53. Ville-au-Bois-lès-Vendeuvre (la) : cⁿ eccl. et civ., Vendeuvre.
54. Villemorien : cⁿ eccl. et civ., Bar-sur-Seine.
55. Ville-sur-Arce : cⁿ eccl. et civ., Bar-sur-Seine.
56. *Villiers-sous-Praslin* : cⁿ eccl. et civ., Bar-sur-Seine.
57. *Villy-en-Trodes* : cⁿ eccl. et civ., Bar-sur-Seine.
58. Virey-sous-Bar : cⁿ eccl. et civ., Bar-sur-Seine.
59. Vitry-le-Croisé : cⁿ eccl. et civ., Essoyes.
60. *Viviers* : cⁿ eccl. et civ., Essoyes.
61. *Vougrey* : cⁿ eccl. et civ., Chaource.

Trente-six paroisses sont citées dans le pouillé de 1435, et ce même pouillé ajoute deux annexes : *Balnot-sur-Laignes*, annexe de Mussy, et *Saint-Usage*, annexe de Fontette. Les pouillés du xvᵉ siècle ne donnent pas les succursales qu'on trouve au nombre de vingt-quatre dans les textes plus récents ; ils désignent aussi la chapelle vicariale de *Plaines*, dépendant du Chapitre de Mussy. La paroisse de Valsuzenay et la succursale de Lingey ont disparu, mais la paroisse de Montmartin a été créée en 1846.

II. Les pouillés du xvᵉ siècle indiquent, sur le territoire de l'ancien doyenné de Bar-sur-Seine, une chapelle fondée : celle de Saint-Nicolas, dans l'église de Bar-sur-Seine ; les pouillés plus récents ajoutent vingt-trois chapelles fondées : Bar-sur-Seine, chapelles dans l'église paroissiale : 1° Saint-Sacrement; 2° Saint-Etienne; 3° Saint-Jean l'évangéliste; 4° Sainte-Catherine; 5° Saint-Mathurin. Hors

de l'église : 6º Saint-Michel ; 7º Saint-Bernard. — CHERVEY :
8º Saint-Nicolas. — CHOISEUL (le château de) : 9º Saint-
Jean-Baptiste. — ESSOYES : 10º Saint-Nicolas. — GYÉ :
11º Saint-Jean l'évangéliste. — JULLY-LE-CHATEL : 12º la
chapelle royale de l'Annonciation. — MAGNANT : 13º Sainte-
Hélène. — MERREY : 14º Saint-Nicolas. — MUSSY : 15º Sainte-
Trinité ; 16º Saint-Nicolas ; 17º Tous les Saints ; 18º Saint-
Jean l'évangéliste ; 19º Saint-Jean-Baptiste. — POLISY :
20º Saint-Jean-Baptiste. — RICEY-BAS : 21º Saint-Jean
l'évangéliste. — RICEY-HAUT : 22º Saint-Gond. — VEN-
DEUVRE : 23º Saint-Nicolas.

III. Nos pouillés indiquent, sur le territoire de l'ancien
doyenné de Bar-sur-Seine :

L'ABBAYE DE MORES, paroisse de Landreville, de l'Ordre
de Citeaux et de la filiation de Clairvaux, fondée en
1153 (1).

TROIS CHAPITRES : 1º Le Chapitre de SAINT-PIERRE, de
Mussy ; on y comptait trois dignités : le Doyen, le Chantre
et le Sacristain, et treize Chanoines prébendés. 2º Le Chapitre de SAINT-GEORGES, de Bar-sur-Seine, primitivement
composé de trois Chanoines et de deux Chantres pour les
aider. Il fut fondé dans la chapelle du château, par le comte
Milon IV, tué au siége de Damiette, en 1219. Une nouvelle
dotation du Chapitre fut faite par le comte de Champagne,
Thibaut V, en octobre 1269 (2). 3º Le Chapitre de SAINT-
LOUIS, de Jully-le-Châtel, fondé en 1206, par Gui de Chap-
pes, dans son château de Jully-le-Châtel ou Jully-sur-Sarce.
Vers la fin du XIVe siècle, on y trouvait encore huit Chanoines ; il n'y en a plus que quatre en 1492 et dans les

---

(1) La Pancarte ou Charte-Notice de la fondation de Mores, inédite, se
trouve à la Bibl. Imp. F. Franc., 5998, fol. 117 vº, extrait du Cartulaire de
l'abbaye de Mores.

(2) Rouget, Recherches histor. sur Bar-sur-Seine, p. 194. — Voir le curieux
règlement donné aux Chanoines, le 31 oct. 1478, ibid. p. 195.

siècles suivants, jusqu'à la Révolution. Nous avons démontré ailleurs (¹) que le château de Jully où nous trouvons un Chapitre de Chanoines, depuis l'an 1206 jusqu'à la Révolution, ne doit pas être confondu avec le château de Jully donné, vers 1115, par Milon II, comte de Bar-sur-Seine, à l'abbaye de Molesme, pour être transformé en monastère de femmes, et qui fut appelé pour cette raison Jully-aux-Nonnains. L'an 1206, au mois de novembre, Milon IV, comte de Bar-sur-Seine, fit avec Gui, seigneur de Jully-le-Châtel, en présence de Blanche, comtesse de Champagne, un traité par lequel il fut reconnu que le château de Jully-le-Châtel relevait du comté de Troyes, tandis que le bourg adjacent, avec ses fortifications, possédé par Clérembaud, était dans la mouvance du comté de Bar-sur-Seine (²).

Treize Prieurés : 1° le prieuré de la Trinité, de Bar-sur-Seine, dépendant de Saint-Michel de Tonnerre, fondé avant l'an 1068; 2° le prieuré de Jully-le-Châtel (ou Jully-sur-Sarce), dans la paroisse du même nom, prieuré-cure (³) dépendant de l'abbaye de Saint-Jean de Réome ou Moutier-Saint-Jean. Ce prieuré d'hommes est désigné par tous nos pouillés : 1° comme dépendant de Moutier-Saint-Jean; 2° dans l'archidiaconé du Laçois; 3° dans le doyenné de Bar-sur-Seine. C'est à tort, comme nous l'avons prouvé (⁴), qu'on a confondu ce prieuré avec Jully-aux-Nonnains, prieuré de femmes, que tous les pouillés, à partir de 1371, désignent : 1° comme appartenant à l'abbaye de Molesme; 2° dans l'archidiaconé de Tonnerre;

---

(1) *Nouvelles Recherches historiques sur Jully-aux-Nonnains,* dans l'*Annuaire du dép. de l'Aube, 1868.*

(2) Chantereau le Fevre, *Origine des Fiefs,* t. II, p. 30.

(3) Au xiv⁰ siècle et jusqu'à la Révolution, la paroisse de Jully-le-Châtel est succursale de Villemorien. C'est par erreur typographique qu'on lit *Villemoyenne,* dans nos *Nouvelles Recherches historiques sur Jully.*

(4) Ibid.

3° dans le doyenné de Molesme; proche Molesme, selon la charte de Fontenet, écrite sur la fin du xve siècle (1); entre Stigny, Fontaines-Sèches et Sennevoy, selon l'enquête de 1578 (2); proche Ravières (chef-lieu du doyenné de Molesme), selon plusieurs pouillés du xviie siècle (3). Cassini indique les ruines du château de Milon II et du monastère de Jully-aux-Nonnains, au milieu du triangle formé par Stigny, Fontaines-Sèches et Sennevoy, au nordest de Molesme, ruines qui existent encore. 3° Le prieuré de Saint-Georges, de Vendeuvre, dépendant de Cluny. Ce prieuré fut appelé doyenné jusque dans les premières années du xve siècle. On lit dans une bulle de Boniface VIII, adressée à Cluny, en 1294 : *Volumus insuper ut prioratus.... de Gaya Trecensis... de Vendopera Lingonensis diocesum, appellantur et habeantur de cetero Decanatus* (4). Le doyenné de Vendeuvre est ainsi désigné dans l'ancien pouillé de Cluny (5) : « Decanatus Sancti Georgii de Vendopera, Lingonensis Diœcesis, qui est de tredecim Decanatibus qui dantur in beneficium, ubi debent esse, Decano non computato, quatuor Monachi, et debet ibi celebrari una Missa Beatæ Mariæ qualibet die sabbati, et debet ibidem fieri eleemosina generalis omni die dominicâ, et quotidie transeuntibus, et debent dicere totum divinum officium cum notâ : est ibi unus officiarius et perpetuus, nempe Sacrista. » 4° Le doyenné de Fralignes, est désigné dans le pouillé de 1435. Est-ce par erreur? Cet

---

(1) Chifflet, *Genus ill. S. Bernardi*, p. 624.

(2) Archiv. Côte-d'Or, Molesme, carton 45.

(3) *Prope, proche*, sont des termes employés autrefois pour désigner la localité importante la plus rapprochée, mais qui était souvent éloignée de plusieurs lieues.

(4) Ducange, *Gloss.* V° *Decanatus*, édit. Henschel. — Dans l'ancien Pouillé de Cluny, imprimé dans la *Bibliotheca Cluniacensis*, sont aussi mentionnés les trois doyennés : 1° de *Saint-Jacques*, au faubourg de Troyes; 2° de *Saint-Sulpice de Rhèges;* 3° de la *B. V. Marie de Toul,* dans l'ancien diocèse de Troyes.

(5) Ibid.

établissement religieux était-il aussi de l'Ordre de Cluny? Nous l'ignorons. 5° La chapelle d'Oze, appelée *Abbatia Capelle douze* dans le pouillé de 1492, prieuré de femmes dédié à Saint-Sulpice, et dépendant de Jully-aux-Nonnains et de l'abbaye de Molesme. Les pouillés désignent ce prieuré *prope Vogreyum* ou *prope Lantagias*. 6° Le prieuré de Saint-Robert de Bertignolles, dépendant de l'abbaye de Molesme. 7° Le prieuré de Saint-Pierre de Merrey, dépendant de l'abbaye de Molesme. 8° Le prieuré de Saint-Pierre de Noë-les-Mallets, dépendant de l'abbaye de Molesme. 9° Le prieuré de Saint-Maurice de Cunfin, dépendant de l'abbaye de Saint-Claude. 10° Le prieuré de Saint-Victor et de Saint-Gengoul de Viviers, dépendant de l'abbaye de Montiéramey. 11° Le prieuré de la B.-V. Marie de Faux ou l'Isle-en-Ricey, dépendant de l'abbaye de Saint-Pierre-le-Vif de Sens. En 1173, Hugues, comte de Bar-sur-Seine, donne la vigne *de digne-cano* à ce prieuré qu'il appelle Beata Maria de Fosco [1]. 12° La Gloire-Dieu, de l'ordre de la Trinité de la Rédemption des Captifs. On lit dans le pouillé de 1435 : *Gloria Dei de Chacenayo*. Est-ce une erreur de copiste? S'il y avait un prieuré de ce nom à Chassenay, il y en avait un du même nom près de Courteron, et qui est désigné *prope Novavillam* et *ante Gyeum*, lieu de la première fondation, vers 1204 [2]. 13° La commanderie d'Avalleur, près de Bar-sur-Seine, fondée par Manassès, comte de Bar-sur-Seine et évêque de Langres.

Le prieuré de *Notre-Dame-en-l'Isle* de Troyes, figure parmi les prieurés soumis à la taxe décimale dans le doyenné de Bar-sur-Seine, parce que le prieuré de Notre-Dame-en-l'Isle possédait, à Courtenot, des biens consistant

---

(1) Bibl. Imp. F. Franc. 5998, fol. 121.
(2) Bibl. Imp. ibid. fol. 521 r°.

en trente-trois journaux de terre, au xiv⁰ et au xv⁰ siècle, et en vingt-cinq seulement au xvii⁰ et au xviii⁰ siècle (1).

Six Hopitaux : 1º la Maison-Dieu du Comte de Bar-sur-Seine, ou maison de Saint-Bernard, fondée en juin 1210, par le comte Milon IV (2); d'abord occupée par des religieux de Roncevaux, cette maison fut donnée aux Trinitaires par lettres du roi Philippe-le-Bel, en septembre 1303 (3); 2º l'hôpital du Saint-Esprit de Bar-sur-Seine, *extra muros*, proche la Maison-Dieu-Saint-Bernard; 3º la Léproserie de Bar-sur-Seine; 4º la Maison-Dieu ou l'hôpital de Mussy-l'Evêque.

Enfin, le couvent des Ursulines de Bar-sur-Seine et le couvent des Ursulines de Mussy-l'Evêque.

---

(1) Archives Aube. F. Evêché. — Notre-Dame-en-l'Isle.
(2) Rouget, *Recherches historiques sur Bar-sur-Seine*, p. 203.
(3) Ibid.

CHAPITRE IV

L'ARCHIDIACONÉ DE TONNERRE ET SES DOYENNÉS

—

§ I. — *Territoire de l'archidiaconé de Tonnerre et juridiction de l'archidiacre.*

L'archidiaconé de Tonnerre, désigné dès le vı^e siècle sous le nom d'archiprêtré, comme nous l'avons vu, est un des plus anciens et des principaux archidiaconés de Langres. Il comprenait cent-vingt-six paroisses, sans compter les succursales, et s'étendait sur une partie des trois vallées du Serain, de l'Armançon et de la Laigne. D'après tous nos pouillés, l'archidiaconé de Tonnerre comprit constamment les quatre doyennés de Tonnerre, chef-lieu Tonnerre; de Molesme, chef-lieu Ravières, du xvı^e au xvııı^e siècle; de Saint-Jean-de-Réome, chef-lieu Saint-Jean-de-Réome; et de Saint-Vinnemer, chef-lieu Rugny, du xvı^e au xvııı^e siècle. Selon M. Desnoyers : « Garreau indique deux doyennés, Ravières et Rugny, qui manquent dans les autres pouillés » (1) ; ce que nous venons de dire explique naturellement le texte de Garreau.

Jusque vers la fin du xvı^e siècle, l'Archidiacre du Tonnerrois faisait la visite annuelle des églises paroissiales de son archidiaconé. Il recevait, en procuration, des Curés de ces églises, 53 sous 4 deniers. Les Marguilliers payaient les frais de visite et 5 sous pour le procès-verbal. L'Archidiacre en cours de visite avait la juridiction de l'official et percevait le tiers de toutes les amendes.

---

(1) *Topographie ecclés.*, p. 143.

§ II. — *Doyenné de Saint-Vinnemer.*

Selon tous nos pouillés, le doyenné de Saint-Vinnemer
a toujours appartenu à l'archidiaconé de Tonnerre.

Le doyenné de Saint-Vinnemer qui eut pour chef-lieu,
jusqu'au xvie siècle, Saint-Vinnemer, et depuis cette époque Rugny, comprenait trente paroisses et sept succursales.

Il était borné au nord par l'Armance, à l'est par la vallée
de l'Ozain, en continuant jusqu'à Channes ; les principales
paroisses limitrophes étaient, au midi, Cruzy-le-Châtel,
Rugny, Melisey, Dannemoine ; à l'ouest, Percey, les
Croûtes, Chessy et Davrey.

Le Doyen de Saint-Vinnemer avait juridiction au for
extérieur, mais il ne pouvait pas condamner à plus de
5 sous tournois d'amende. Il n'avait droit de visite qu'une
seule fois en sa vie.

§ III. — *Territoire de l'ancien doyenné de Saint-Vinnemer,
acquis par le diocèse de Troyes.*

—

I. Eglises. — II. Chapelles fondées. — III. Autres bénéfices.

I. Le diocèse de Troyes a acquis environ les deux tiers
de l'ancien doyenné de Saint-Vinnemer. On comptait sur
ce territoire vingt-six églises, qui sont autant de paroisses
maintenant. (Les noms des anciennes succursales sont en
lettres italiques.)

1. Avreuil : cⁿ eccl. et civ., Chaource.
2. Balnot-la-Grange : cⁿ eccl. et civ., Chaource.
3. Beauvoir : cⁿ eccl., Ricey-Bas, cⁿ civ., les Riceys.

4. Bernon : cⁿ eccl. et civ., Chaource.
5. Bragelogne : cⁿ eccl., Ricey-Bas; cⁿ civ., les Riceys.
6. Channes : cⁿ eccl., Ricey-Bas; cⁿ civ., les Riceys.
7. Chaource : chef-lieu de cⁿ eccl. et civ.
8. Chazeray : cⁿ eccl. et civ., Chaource.
9. Chesley : cⁿ eccl. et civ., Chaource.
10. Chessy : cⁿ eccl. et civ., Ervy.
11. Coussegrey : cⁿ eccl. et civ., Chaource.
12. *Croûtes (les)* : cⁿ eccl. et civ., Ervy.
13. Cussangy : cⁿ eccl. et civ., Chaource.
14. *Davrey* : cⁿ eccl. et civ., Ervy.
15. Etourvy : cⁿ eccl. et civ., Chaource.
16. *Granges (les)* : cⁿ eccl. et civ., Chaource.
17. Lagesse : cⁿ eccl. et civ., Chaource.
18. Lignières : cⁿ eccl. et civ., Chaource.
19. *Maisons (les)* : cⁿ eccl. et civ., Chaource.
20. Marolles-sous-Lignières : cⁿ eccl. et civ., Chaource.
21. *Metz-Robert* : cⁿ eccl. et civ., Chaource.
22. *Pargues* : cⁿ eccl. et civ., Chaource.
23. Turgy : c^u eccl. et civ., Chaource.
24. *Vallières* : cⁿ eccl. et civ., Chaource.
25. *Vanlay* : cⁿ eccl. et civ., Chaource.
26. *Villiers-le-Bois* : cⁿ eccl. et civ., Chaource.

Dix-sept de ces paroisses sont mentionnées par les pouillés du xve siècle. Le pouillé de 1435 en cite treize seulement, et les pouillés du xvie siècle en ajoutent quatre nouvelles : *Balnot-la-Grange, Channes, Chazeray* et *Coussegrey;* enfin, le pouillé de 1732 désigne la paroisse de *Turgy.*

Les pouillés du xvie siècle indiquent sept succursales, en comptant *Turgy,* plus une chapelle vicariale : *Les Maisons,* dépendant de la paroisse de Chaource. L'église des *Croûtes,* dépendant de la paroisse de Percey, fut érigée en chapelle vicariale en 1724.

Le revenu de la seule paroisse de Marolles-sous-Lignières n'atteint que xx l. en 1435.

II. Les pouillés du xv° siècle n'indiquent que deux chapelles fondées sur le territoire du doyenné de Saint-Vinnemer, acquis par le diocèse de Troyes : toutes deux sont dans l'église de Bragelogne; au xviii° siècle, il ne reste plus que la chapelle de Saint-Thomas de Cantorbéry. Les pouillés de 1605 et de 1732 ajoutent huit chapelles dont quatre dans l'église de CHAOURCE : 1° Saint-Jean-Baptiste; 2° Saint-Georges; 3° Saint-Jean devant la Porte-Latine, ou chapelle de la dame Hénault; 4° le Saint-Sépulcre; 5° Saint-Nicolas, dans le Château de Chaource; 6° Saint-Jacques, à COUSSEGREY; 7° la chapelle de la Sainte-Vierge, à BERNON; 8° la chapelle de la Sainte-Vierge, à LAGESSE.

III. Les établissements religieux étaient peu nombreux dans le doyenné de Saint-Vinnemer; sur le territoire acquis par le diocèse de Troyes, les pouillés désignent : 1° le prieuré de PARGUES, dépendant de l'abbaye de MONTIÉRAMEY; 2° la léproserie de LAGESSE.

En résumé, d'après nos pouillés, antérieurement à 1733, nous trouvons sur le territoire de l'ancien diocèse de Langres, acquis par le diocèse de Troyes : 1° cent-vingt paroisses, succursales et chapelles vicariales; cinq de ces paroisses n'existent plus, mais une nouvelle paroisse a été créée; 2° cinquante-quatre chapelles fondées; 3° quatre chapitres; 4° trois abbayes; 5° dix-huit prieurés; 6° trois commanderies; 7° sept léproseries et hôpitaux; 8° un couvent de Cordeliers, un couvent de Capucins, et trois maisons d'Ursulines.

Deuxième Section. — Diocèse de Sens

CHAPITRE I

DOCUMENTS RELATIFS A L'ANCIENNE DIVISION DU DIOCÈSE DE SENS

Parmi les documents relatifs à la division territoriale de l'ancien diocèse de Sens, on peut citer : le fragment manuscrit d'un pouillé du IXe siècle, publié en 1855, d'après le *Liber Sacramentorum* de la Bibliothèque Royale de Stockholm (1) ; il indique plusieurs *ministeria* personnels qui paraissent, au jugement de M. Desnoyers, correspondre à des archiprêtrés ou archidiaconés. Une charte de l'archevêque Richer, avril 1063, donne le nom de cinq archidiacres et de trois archiprêtres (2). On trouve encore cinq archidiacres et six archiprêtres dans une charte du même archevêque, en 1081 (3). Enfin, dans deux chartes de l'archevêque Henri Sanglier, la première de l'an 1122 à

---

(1) *Notices et Extraits de manuscrits* par M. Geoffroy.
(2) *Cartul. gén. de l'Yonne*, t. I, p. 186.
(3) *Gallia Christ. nova*, t. XII, *Instr.*, col 14.

l'an 1139, la seconde de l'an 1139, les cinq archidiacres sont désignés avec le nom du territoire soumis à leur juridiction : 1° Teobodus archidiaconus (major); 2° Simon Vastinensis archidiaconus; 3° Paganus Meledunensis archidiaconus; 4° Petrus Stampensis archidiaconus; 5° Guillelmus Pruvinensis archidiaconus (1).

Les doyennés ne sont complétement connus que par les documents de la fin du xII° siècle (2), mais la division territoriale du diocèse nous est connue dans son entier par les pouillés. En 1648, Alliot a imprimé le Pouillé de Sens, édition très-défectueuse. Nous indiquerons six pouillés manuscrits : 1° le plus ancien est à la Bibliothèque Impériale, latin 10941, copie du xv° siècle; 2° à la même bibliothèque, latin 5199, fol. 105, copie du xvi° siècle; 3° autre pouillé du xvi° siècle, aux Archives de l'Yonne; 4° copie du xvii° siècle, à la Bibliothèque Impériale, latin 5218, fol. 193; 5° pouillé du diocèse de Sens, de 1695, à la Bibliothèque d'Auxerre; 6° copie du *Pouillé nouveau* que l'archevêque Jean-Joseph Languet de Gergy fit rédiger en 1732, sur les déclarations des bénéfices de 1728; à Sens, Bibliothèque des Pères de Saint-Edme de Pontigny.

D'après les documents les plus anciens, les doyennés dépendants des cinq archidiaconés ci-dessus nommés, sont : I. Decanatus de Pontibus seu Matroliarum (Marolles). — II. Curtigniaci (Courtenay). — III. Sancti Florentini (Saint-Florentin). — IV. Riparie Vanne (Rivière de la Vanne). — V. Trianguli (Traînel). — VI. Musterolii (Montereau). — VII. Meleduni (Melun). — VIII. Pruvinensis (Provins). — IX. Milliaci (Milly). — X. Vastinensis (Gâtinais). — XI. Ferreriarum (Ferrières). — XII. Stampensis (Etampes).

---

(1) *Cartul. gén. de l'Yonne*, t. I, p. 249 et 339.
(2) *Gallia Christ. nova*, t. XII, *Instr.*, col. 110.

Dans le dernier pouillé, l'ordre des huit premiers doyennés est ainsi modifié : I. Rivière de la Vanne ; II. Traînel ; III. Marolles ; IV. Saint-Florentin ; V. Courtenay ; VI. Montereau ; VII. Provins ; VIII. Melun... Mais quoi qu'il en soit de l'ordre dans lequel sont cités les archidiaconés et les doyennés, ce qu'il importe de remarquer, c'est que le diocèse de Sens est un de ceux dont la division territoriale ecclésiastique a le moins varié pendant le moyen-âge. Pour ce qui regarde les trois doyennés de Saint-Florentin, de la Rivière de la Vanne, et de Traînel, ils ont constamment appartenu, depuis le xiii⁰ siècle, à l'archidiaconé de Sens ou grand archidiaconé.

Ces trois doyennés ont donné au diocèse actuel de Troyes, vingt paroisses.

CHAPITRE II

PAROISSES ACQUISES PAR LE NOUVEAU DIOCÈSE DE TROYES SUR L'ANCIEN DIOCÈSE DE SENS

—

§ I. — *Doyenné de Saint-Florentin.*

L'ancien doyenné rural de Saint-Florentin comprenait cinquante-deux cures, cinq prieurés-cures, beaucoup de chapelles fondées, le chapitre de Saint-Loup de Brinon, l'abbaye de Dilo, onze prieurés simples et sept maladreries.

I. Le nouveau diocèse de Troyes a reçu du doyenné de Saint-Florentin, dix paroisses :

1. Auxon : chef-lieu de c^n eccl.; c^n civ., Ervy.
2. Coursan : c^n eccl. et civ., Ervy.
3. Courtaoult : c^n eccl. et civ., Ervy.
4. Ervy : chef-lieu de c^n eccl. et civ.
5. Montfey : c^n eccl. et civ., Ervy.
6. Montigny : c^n eccl., Auxon; c^n civ., Ervy.
7. Nogent-en-Othe : c^n eccl., Auxon; c^n civ., Aix-en-Othe.
8. Racines : c^n eccl. et civ., Ervy.
9. Villeneuve-au-Chemin : c^n eccl., Auxon; c^n civ., Ervy.
10. Vosnon : c^n eccl., Auxon; c^n civ., Ervy.

Dans le pouillé du xve siècle, on trouve huit paroisses seulement : la paroisse de Nogent-en-Othe, unie au prieuré du même lieu, n'est pas nommée, pas plus que Montigny, qui était succursale d'Auxon.

II. Le pouillé du xve siècle indique, sur le territoire acquis par le diocèse de Troyes, deux chapellenies : celle de Sainte-Marie-Madeleine, au château de La Brosse, paroisse

de Montfey, et celle de Saint-Nicolas, dans l'église d'Ervy.
Le pouillé de 1648 ajoute la chapelle du seigneur de Clérey,
dite aussi de Notre-Dame, dans l'église d'Ervy. En 1732,
la chapelle du château de Montfey a disparu; celle de
Saint-Nicolas d'Ervy, ainsi que celle de Notre-Dame, ne
sont plus que des confréries; mais on trouve une nouvelle
chapelle, celle de Notre-Dame-de-la-Coudre, près d'Auxon.

III. Plusieurs prieurés et autres bénéfices existaient sur
le territoire du doyenné de Saint-Florentin, acquis par le
diocèse de Troyes. Trois prieurés simples figurent dans le
pouillé du xve siècle : les prieurés d'Auxon, de Nogent-
en-Othe (uni au prieuré de Flacy-Saint-Loup) et de Vosnon. Les pouillés du xviie siècle et celui de 1732, ajoutent
le prieuré bénédictin de Monstiérault, à Ervy. Le prieuré
de Nogent-en-Othe disparaît dans le pouillé de 1732.

La léproserie d'Ervy-le-Châtel et l'hôpital de la même
paroisse, figurent dans le pouillé du xve siècle. Dans le
pouillé de 1732, la maladrerie d'Ervy et celle de Villeneuve-au-Chemin sont réunies à l'hôpital d'Ervy.

§ II. — *Doyenné de la Rivière de la Vanne.*

L'ancien doyenné de la Rivière de la Vanne comprenait
vingt-deux cures, quatre prieurés-cures, l'abbaye de Vauluisant, quatre prieurés simples, beaucoup de chapelles
fondées, cinq maladreries.

I. Le nouveau diocèse de Troyes a reçu de ce doyenné
cinq paroisses, dont une n'existe plus.

1. Bérulles, autrefois Séant : cⁿ eccl. et civ., Aix-en-Othe.
2. Courmononcle, hameau de Saint-Benoît-sur-Vanne :
   cⁿ eccl. et civ., Aix-en-Othe.
3. Pouy : cⁿ eccl. et civ., Marcilly-le-Hayer.
4. Rigny-le-Ferron : cⁿ eccl. et civ., Aix-en-Othe.
5. Vulaines : cⁿ eccl. et civ., Aix-en-Othe.

Courmononcle qui était paroisse avant la Révolution, n'est plus maintenant qu'un hameau dépendant de la paroisse de Saint-Benoît-sur-Vanne.

II. Nos pouillés n'indiquent que la chapellenie de la Bienheureuse Vierge Marie, dans le château de Rigny-le-Ferron. Cette chapelle n'avait plus ni revenu, ni titulaire en 1732.

§ III. — *Doyenné de Traînel.*

I. L'ancien doyenné rural de Traînel comprenait, du xve au xviiie siècle, trente-quatre cures, trois prieurés-cures, beaucoup de chapelles fondées, deux chapitres, l'abbaye de la Pommeraie, dépendant du Paraclet, diocèse de Troyes ; sept prieurés simples, cinq maladreries.

Le diocèse actuel de Troyes a reçu de l'ancien doyenné de Traînel, sept paroisses dont une n'existe plus.

1. Courceroy : cⁿ eccl. et civ., Nogent.
2. Fontenay-Bossery : commune de la paroisse de Gumery.
3. Gumery : cⁿ eccl., Traînel; cⁿ civ. Nogent.
4. La Louptière : cⁿ eccl., Traînel; cⁿ civ., Nogent.
5. La Motte-Tilly : cⁿ eccl. et civ., Nogent.
6. Plessis-Gâteblé : cⁿ eccl., Traînel ; cⁿ civ., Nogent.
7. Traînel : chef-lieu de cⁿ eccl.; cⁿ civ., Nogent.

Tous nos pouillés marquent à Traînel deux paroisses : la paroisse de Notre-Dame, située dans le château, et qui est supprimée maintenant, et la paroisse de Saint-Gervais-des-Tables, qui est actuellement l'église paroissiale. Le Plessis-Gâtebled était succursale de Montigny-le-Guesdier (Seine-et-Marne, cⁿ Bray-sur-Seine), au xve siècle; de Sogne (Yonne, cⁿ Sergines), au xviie siècle, et paroisse en 1732. La Louptière était annexe de Saint-Gervais-des-Tables. Fontenay-Bossery qui était paroisse avant la Révolution, n'est plus aujourd'hui qu'une commune dépendant de la paroisse de Gumery.

II. Le pouillé du xv⁰ siècle indique six chapellenies qui existaient sur le territoire du doyenné de Traînel, acquis par le diocèse de Troyes : 1⁰ deux au maître-autel de l'hôpital de Traînel; 2⁰ la chapelle de la Sainte-Vierge, dans le même hôpital; 3⁰ la chapelle de Gumery; 4⁰ la chapelle Sainte-Marguerite, dans l'église de La Motte-Tilly : elle était à la présentation du seigneur du lieu, le chapelain était obligé à dire la messe dans l'église les jours de fête, et en semaine dans le château; 5⁰ la chapelle nouvellement fondée dans l'église de Gumery.

III. Parmi les autres bénéfices, nos pouillés indiquent : 1⁰ le Chapitre de l'église collégiale de la Trinité, de Traînel, qui était composé de cinq Chanoines, plus d'un Doyen, d'un Chantre, d'un Sous-Chantre et d'un Trésorier. Le Doyen était élu par le Chapitre et confirmé par l'Archevêque; les trois autres dignitaires et les simples Chanoines étaient à la nomination du seigneur de Traînel et à la collation de l'Archevêque. En 1732, il n'y avait plus que six Chanoines, dont le plus ancien prenait le titre de Doyen. 2⁰ Deux prieurés : le prieuré des Tables, de Traînel, dépendant de l'abbaye de Cormery (Indre-et-Loire), et le prieuré de Sainte-Marie-Madeleine, de Traînel, de l'Ordre de Saint-Benoît, dépendant du Paraclet, diocèse de Troyes. Le pouillé de 1732 ajoute : « Les religieuses du prieuré de » Sainte-Madeleine sont maintenant à Paris. » La chapelle prieurale de Sainte-Madeleine, du xvi⁰ siècle, existe encore à Traînel.

Enfin, on trouve dans tous nos pouillés : 1⁰ l'hôpital de Traînel; 2⁰ la maladrerie de Traînel, qui fut réunie à l'hôpital en 1695.

En résumé, nos pouillés désignent antérieurement à 1733, sur le territoire de l'ancien diocèse de Sens, acquis par le diocèse de Troyes : 1⁰ vingt-deux paroisses, deux n'existent plus; 2⁰ onze chapelles fondées; 3⁰ un chapitre; 4⁰ six prieurés; 5⁰ cinq léproseries et hôpitaux.

CHAPITRE III

OBJET ET DISPOSITION DES EXTRAITS DES POUILLÉS

—

Avant de mettre sous les yeux de nos lecteurs les extraits que nous venons d'analyser succinctement, nous avertissons que notre intention n'est pas de répéter ici plusieurs notions et explications générales relatives aux pouillés ; nous nous contentons de renvoyer à la première partie de notre rapport, à l'introduction des *Pouillés de Lisieux*, publiés en 1844 par M. Aug. Le Prévost, et à l'introduction du *Pouillé du diocèse de Troyes*, rédigé en 1407 et publié en 1853, par M. d'Arbois de Jubainville.

Nous ferons seulement une remarque importante :

Il ressort clairement des différents pouillés des diocèses de Sens et de Langres, que dans ces diocèses, comme dans l'ancien diocèse de Troyes, à partir du XIV⁰ siècle, les revenus soit du clergé séculier, soit des établissements monastiques, vont en diminuant progressivement; en sorte que vers le milieu du XVIII⁰ siècle, le revenu des bénéfices atteignait à peine les deux tiers du revenu tel qu'il était encore dans la première moitié du XV⁰ siècle. On peut vérifier cette assertion en examinant attentivement les seuls extraits que nous mettons sous les yeux de nos lecteurs. Au premier coup d'œil, les chiffres des pouillés du XVIII⁰ siècle paraissent plus élevés que ceux des pouillés du XV⁰ siècle; mais il ne faut pas conclure que le revenu réel avait augmenté, c'était seulement le taux de l'estimation qui avait augmenté : dans les pouillés de la première moitié du XV⁰ siècle, l'estimation n'égale guère que les deux tiers du revenu, tandis que l'estimation officielle, dans la première moitié du xviiie siècle, égale le revenu réel. D'un autre côté, il ne faut pas oublier un fait qui marque l'époque dont nous parlons, c'est-à-dire l'augmentation progressive de la valeur nominale des monnaies et la diminution du pouvoir commercial de l'argent. Enfin, rappelons un autre fait : tandis que les revenus du clergé diminuaient progressivement, ses charges, et en particulier les décimes imposés sur ses revenus, augmentaient progressivement.

Quant aux *Extraits* que nous éditons : 1° pour le diocèse de Langres, nous donnons l'extrait textuel du pouillé de 1435, le plus ancien que nous ayons trouvé. Nous avons numéroté les articles. La première colonne du pouillé contient les noms des bénéfices ; nous avons ajouté les *collateurs* et *patrons* des bénéfices, d'après le pouillé de 1492: A la deuxième colonne, on trouve l'estimation officielle du revenu devant servir de base à l'assiette des décimes pour chaque bénéfice ; toutefois, on observera que les chiffres désignés sous le nom de *taxatio ad decimam*, ne représentent pas le revenu réel et intégral de chaque bénéfice, mais seulement la matière imposable de ce même bénéfice, en sorte que le décime à lever était en rigueur le dixième de cette matière imposable. A cette même colonne sont annexés les *gros* formant la procuration due à l'évêque par chaque bénéfice. Nous avons ajouté, en regard du pouillé de 1435, l'imposition des bénéfices d'après le pouillé de 1732 ; on trouve, à cette dernière colonne, le revenu, déduction faite des charges. Les *vocables* des églises, d'après les pouillés du xve siècle, sont placés dans les notes, après le nom actuel de chaque paroisse. 2° Pour le diocèse de Sens, les extraits affectent la même disposition. Nous ferons seulement observer que dans le pouillé de la première moitié du xve siècle, dont on trouvera le texte, on ne voit pas la procuration des *gros* ; d'ailleurs, nous avons ajouté les *communiants* de chaque paroisse, d'après le pouillé de 1732.

Enfin, nous donnerons en notes, au bas des pages, par numéros correspondants, les principales variantes des noms des paroisses pendant le cours des siècles. Les sources auxquelles nous avons puisé ces renseignements, sont, en général, désignées par ces deux abréviations :

F. (Fonds). — Cartul. (Cartulaire).

La plupart des Fonds et des Cartulaires que nous citons, se trouvent aux Archives de l'Aube ; il faut excepter les documents suivants :

FONDS :

Quincy (Archiv. de l'Yonne).
Vauluisant (Ibid.)
Compte des recettes du comté de Champagne (Bibl. de Troyes).
Compte de Jaquemin Jaqueau (Ibid.)

—

CARTULAIRES :

Basse-Fontaine (Chez M. Chavance, à Brienne).
Cluny (Bibl. de Cluny).

CARTULAIRES :

Saint - Germain d'Auxerre (Bibl. d'Auxerre).
Molême (Archiv. de la Côte-d'Or).
Montiéramey (Bibl. Imp., latin 5432).
Montiérender (Arch. de la H^te-Marne).
Paraclet (Bibl. de Troyes).
Saint-Loup (Chez Mme Delaporte, à Troyes).
Saint-Maclou (Bar-sur-Aube, Archiv.)
Scellières (Bibl. de Troyes).
Vauluisant (Bibl. Imp. latin 9901).

Nous avons tiré plusieurs variantes des noms des paroisses, du *Dictionnaire topographique du département de l'Aube,* qui doit paraître prochainement ; M. Emile Socard, bibliothécaire-adjoint de la ville de Troyes, nous a communiqué son travail avec la plus grande obligeance.

SECONDE PARTIE

Extraits des Pouillés de Langres et de Sens.

CHAPITRE I

EXTRAITS DES POUILLÉS DE LANGRES

§ 1. — *Archidiaconatus Barrensis.*— *Decanatus Barri super Albam.*

Archidiaconus *Barrensis* habet visitationem annuam ecclesiarum parochialium sui archidiaconatus; et pro visitatione cujuslibet ecclesiæ parochialis, recipit procurationem quinquaginta trium solidorum et quatuor denariorum à curatis earumdem ecclesiarum ; à procuratoribus vero earumdem ecclesiarum recipit expensas et pro creviculo quinque solidos ; habetque jurisdictionem Officialis in cursu visitationis et tertiam partem omnium emendarum.

Decanus *Barri super Albam* habet jurisdictionem pœnalem usque ad quinque solidos et visitationem parochialium ecclesiarum sui decanatus cum procurationibus 12 alborum cum expensis à procuratoribus ecclesiarum valet XVI I. (Pouillés du XVIe siècle).

	TEXTE DE	1453.	1732
1. Decanus ruralis Barri		xx l. 15 g.	
2. Prior Insule : abbas Arremarensis.		viɪ^{xx} l. 65 g.	500 l.
3. Prior Sancte Germane : abbas Sancti Claudii.		viɪ^{xx} l. 140 g.	1500 l.
4. Prior Sancti Petri Barri : abbas Sancti Claudii		iiɪ^c l. 140 g.	1000 l.
5. Capitulum (Sancti Machuti) dicti Barri compositionem habet. . .			6000 l.
Primo decanatus ipsius Barri. . .		iiɪɪ^{xx} l.	1000 l.
(Decanus est electivus et confert omnes prebendas).			
Item II alie prebende : quelibet taxatur vii l. x s. valent		xv l.	
Item sunt in dicto capitulo xxix alie prebende : quelibet taxatur xv l. valent . . . . iiɪɪ^cxxxv l.			
Sequuntur exempti.			
In decanatu Barri ad Albam :			
6. Prior Sancte Eulalie : abbas Cluniacensis.		xlviii l.	252 l.

Additions tirées du pouillé de 1492.

7. [Abbatissa Sancti Nicholai Barri.			
8. Abbatia Clarevallis : ordinis Cisterciensis.		iii^c l.	101000 l.

---

1. BAR-SUR-AUBE. — *Segessera* (Tab. Theodos.); *Barrum-super-Albam,* 1061 (Chronic. Alberic.); *Castrum Barri montis,* 1065 (Chronic. Sancti Petri Vivi); *Bar-sur-Aube,* 1201-1222 (Liste des vassaux des comtes de Champagne); *Bair-sor-Aube,* 1200-1230 (Roman de Girard de Viane).

5. ST-MACLOU. — La collégiale de St-Maclou était paroisse. — *Ecclesia Sancti-Machuti,* 1159 (Gallia Christ., t. iv. Instr. col. 176); Capellanus ou Curatus de *Sancto-Macuto, Sancti-Maclovii,* de 1165 à 1200 (Cartul. Saint-Maclou, Cartul. Clairvaux).

TEXTE DE　　　1435　　1732

9. Domus de Arenteriis : cruce si-
　　gnati. . . . .
10. Domus de Thors : cruce signati |.

PARROCHIE.

11. Aquilla Villa : episcopus confert. . .	xxx l. 60 g.	300 l.
12. Arconvallis : episcopus confert. . .	xxv l. 39 g.	400 l.
13. Argentes : episcopus confert. . . .	xxx l.	300 l.
14. Barrivilla : capitulum Barri super Albam presentat.	xlv l. 70 g.	450 l.
15. Bloigneyum : capitulum de Musseio presentat.	xl l. 70 g.	300 l.
16. Cepetum : episcopus confert (In libro camere dicitur lx l.) . . .	xl. l.	450 l.

---

11. AILLEVILE (Sanctus Martinus). — *Aquilevilla*, 1170 (Cartul. Clairvaux); *Alivilla*, 1152-1180 (Feoda Campanie); *Alleville*, 1172-1122 (Livre des vassaux des comtes de Champagne ; *Ailleville*, 1237 (F. Bassefontaine).

12. ARSONVAL (Sanctus Martinus). — *Arconval*, 1235 (F. Beaulieu) ; *Arcuvallis*, 1240 (F. St-Maclou); *Arconvallis*, 1244 (Cartul. St-Maclou); *Arsonval*, 1400 (F. St-Maclou).

13. ENGENTES (Sanctus Martinus). — *Angente*, 1136-1161 (F. Clairvaux); *Angentie*, 1161-1179 (F. Clairvaux) ; *Angentes*, 1179 (Cartul. Clairvaux); *Angenta*, 1209 (F. Clairvaux).

14. BAROVILLE (Sanctus Stephanus). — *Barrosvilla*, *Barisvilla* , 1095 (Cartul. Molesme); *Barroisvilla*, *Barrevilla*, *Barrenvilla*, 1135 (Cartul. Clairvaux); *Barresvilla*, *Barrevilla*, 1143 (Ibid.); *Villa Barri*, 1160 (F. St-Maclou); *Barrovilla*, 1179 (Cartul. Clairvaux) ; *Barrivilla*, 1221 (F. Clairvaux); *Barroiville*, 1286 (F. St-Maclou); *Barroyville*, 1447 (Ibid.); *Barrovilla*, 1466 (Compt. des recettes de Clairvaux).

15. BLIGNY (Sanctus Symphorianus). — *Blaniacum*, 664 (diploma Clotarii III); *Blainni*, 1146 (Cartul. Clairvaux); *Blangny*, *Blagni*, *Blenneium*, *Bleyneyum*, 1179-1108 (Ibid.).

16. SPOIX (Sanctus Desiderius). — *Cypetum*, 664 (Bouquet, t. iv. p. 647); *Cepeium*, 1146 (Ch. Godefridi, episc. Lingon.); *Cepoi* et *Ceppoi*, 1204 (F. Clairvaux); *Cepetum*, 1227 (Ibid.).

	TEXTE DE	1435	1732
17. Columbeyum siccum : episcopus confert.		xxx l. 60 g.	400 l.
18. Champignolie : capitulum Lingon. presentat.		lx l. 70 g.	550 l.
19. Coignoignons : thesaur. capituli Barri super Albam, *alias* abbas Sancti Claudii presentat . . .		xxx l. 60 g.	550 l.
20. Jaucuria : abbas Belliloci presentat		xx l. 40 g.	550 l.
21. Insula : abbas Molismensis presentat		xlv l. 70 g.	500 l.
22. Longus Campus : episcopus conf.		xlvii l.	500 l.
23. Murrivilla : episcopus confert . .		xxx l.	500 l.
24. Presbyterivilla : unita capitulo Sancti Machuti		xlii l. 40 g.	400 l.

17. Colombé-le-Sec (Sanctus Martinus). — *Columbare siccum,* 1103 (Cartul. Molesme); *Columbeium siccum* 1194 (F. Clairvaux) ; *Conlombey le Sec,* 1421 (F. Commanderie de Troyes) ; *Colombe le Secq,* 1406 (Compte Clairvaux). Dans le fonds de Clairvaux, Colombé-le-Sec est souvent appelé, au XIVᵉ siècle, *Columbey le Celier,* parce que l'abbaye avait un cellier dans cette paroisse.

18. Champignolles (Sanctus Laurentius). — *Campaniola,* 1034 (Cartul. Molesme); *Campinolium,* 1097 (Ibid.) ; *Campinella,* 1121 (Cartul. Clairvaux); *Campegnola,* 1162 (Ibid.); *Champignola,* (Ibid.) ; *Champegnole,* 1198 (Ibid.); *Champignole,* 1202 (Ibid.).

19. Couvignon (Sanctus Martinus). — *Coveignon,* 1138-1145 (Cartul. Basse-fontaine) ; *Corveignon,* 1146 (Ch. Godefridi, episc. Lingon.) ; *Covenium,* 1148 (Camusat Promptuar. fol. 366) ; *Covinnum,* 1189 (Cartul. Clairvaux) ; *Coveignon et Couveignon,* 1195 (Ibid.) ; *Couvignon,* 1261 (F. S.-Maclou).

20. Jaucourt (Sanctus Martinus). — *Jauncourt,* 1136-1161 (F. Clairvaux) ; *Jaucurt,* 1180-1192 (Cartul. Clairvaux) ; *Janicuria,* 1190 (F. Clairvaux) ; *Jaaucourt,* 1245 (Cartul. Paraclet) ; *Jaucourt,* 1269 (F. N. D. des Prés).

21. Montier-en-l'Isle (Sancti Petrus et Paulus). — *Insula subtus Barrum super Albam,* 1086 (Cartul. Molème) ; *Sancta Maria apud Insulam,* 1117 (F. Montiéramey) ; *Monasterium in Insula propè Barrum super Albam,* 1232 (F. N. D. aux Nonnains) ; *Mothet,* 1232 (F. Clairvaux); *Monstier en l'Isle,* 1369 (F. S.-Maclou).

22. Lonchamps (Sanctus Laurentius). — *Longus Campus,* 1116 (Cartul. Molème) ; *Longchamp,* 1190 (F. Clairvaux).

23. Meurville (Sanctus Benedictus). — *Murrevilla,* 1188 (F. Clairvaux) ; *Murravilla,* 1195 (Ibid.) ; *Murrevile,* 1198 (Ibid.); *Meurville,* 1513 (F. Montiéramey).

24. Proverville (B. V. Maria Assumpta). — *Presbyteri Villa,* 1159 (Ch. Comitis Henrici. — Prieuré Ste-Germaine); *Pruverevilla,* 1189 (Cartul. Clairvaux); *Prevoireville,* 1284 (F. S.-Maclou).

TEXTE DE 1435.   1732

25. Rouvra : episcopus confert. . . . .   xx l. 70 g.   350 l.
26. Sancta Magdalena Barri : unita capi-
   tulo Sancti Machuti. . . . . . .   xlv l. 70 g.
27. Sanctus Petrus Barri : unita capitulo
   Sancti Machuti.. . . . .   c l. 70 g.
28. Villa subtus Firmitatem : episcopus
   confert. . . . .   xxx l.   350 l.
29. Voigneyum . episcopus confert. . .   xx l. 16 g.   400 l.

Additions tirées du pouillé de 1492.

30. [Arrentieres : crucesignati conferunt .   xxx l.   200 l.
31. Lignot : episcopus confert. *Alias* Prior
   Sancti Nicholai de Barro super Al-
   bam presentat. . . . .   xv l.   500 l.
32. Mons Sancte Germane : abbas Sancti
   Claudii presentat . . . .   ii l.

---

25. Rouvre (Sanctus Mauricius). — *Rufrus*, 1101 (Ch. Henrici I. Com. Campanie. — Prieuré Ste-Germaine); *Ruvre et Rourre*, 1135 (Gallia Christ. t. iv. Instr. p. 166) ; *Rovera*, 1136-1161 (F. Clairvaux); *Rouvrus*, 1149 (Ch. Henrici I. Com. Campanie. — Prieuré Ste-Germaine); *Rovra*, 1174 (Cartul. Molesme); *Rovre*, 1180-1192 (Cartul. Clairvaux) ; *Rouvre*, 1238 (Ibid.).

26. Ste-Marie-Madeleine de Bar-sur-Aube. — Capellanus ou Curatus *Stæ-Marie-Magdalene*, à partir de 1165 (Cartul. S.-Maclou, i, 4).

27. St-Pierre de Bar-sur-Aube. — Capellanus ecclesie *Sancti Petri de Barro*, 1166 (Cartul. Clairvaux) ; Parrochia *Sancti Petri Barri*, 1203 (Cartul. St-Maclou, ii, 6).

28. Ville-sous-la-Ferté (Sanctus Martinus). — *Villa*, 1103 (Cartul. Molesme); *Villa subtus Firmitatem*, 1149 (Ch. Henrici I, Comit. Camp.); *Villa sub Firmitate*, 1185 (Cartul. Clairvaux) ; *Ville*, 1234-1243 (Feoda Campanie).

29. Voigny (Sanctus Aper). — *Veniacum, Venniacum, Vegniacum*, 1147 (Cartul. Clairvaux); *Woigni*, 1217 (Ibid.) ; *Vegni, Veignil et Voigni*, 1218 (Ibid.).

30. Arrentières (Sanctus Jacobus). — *Arenterium*, 1147 (F. Clairvaux); *Arenteria*, 1160 (F. St-Maclou) ; *Arenteres*, 1195 (F. Clairvaux) ; *Arantieres*, 1249 (Cartul. Clairvaux).

31. Lignot (Sanctus Sylvester). — *Lignoium*, 1136-1161 (F. Clairvaux); *Ligno*, 1161-1179 (Ibid.) ; *Lino, Linai*, 1172-1222 (Le Livre des vassaux des comtes de Champ.); *Lignoli*, 1190 (F. Clairvaux); *Lygno*, 1235 (Ibid.).

32. Sainte-Germaine de Bar-sur-Aube — *Capellanus parrochie Montis Sancte Germane*, 1211 (Cartul. St-Maclou II, 23) ; *Curatus ecclesie de Monte Barri*, 1235 (Ibid III, 24) ; *Curatus de Monte*, 1239 (Ibid. iv, 3).

4.

33. Fontaine, succursus Presbyteriville. .
34. Sauciacum : episcopus confert. . . .   x l.
35. Juvancuria, succursus Ville subtus
    Firmitatem | . . . .

ECCLESIE QUE NON SOLVUNT.

36. Arconvilla : abbas Clarevallis present.	vii l. 14 g.	330 l.
37. Bergerie : episcopus confert. . . .	xv l. 30 g.	350 l.
38. Baiers : cantor Sancti Machuti present.	xv l. 29 g.	300 l.
39. Columbeyum in Fossâ : episcopus confert. *Alias* prior Sancti Nicholai de Barro presentat	x l. 20 g.	350 l.
40. Urvilla : capitulum Barri super Albam presentat	x l.	350 l.

---

33. Fontaines (Sanctus Antonius). — *Fontaines*, 1149 (Ch. Henrici I. Com. Campanie.— Prieuré de Ste-Germaine) ; *Fonteigne, Fontenoys*, 1200 (F. Montiéramey); *Fonteines, Fontaignes*, de 1287 à 1466 (F. Clairvaux).

34. Saulcy (Sanctus Brictius).— *Salex*, vii⁰ s. (Vita S. Bercharii ap. Camusat, fol. 101) ; *Salicellus*, 1113 (Cartul. Molesme) ; *Sauci*, 1136-1161 (F. Clairvaux); *Sauceium*, 1180-1192 (Cartul. Clairvaux); *Sauceyum*, 1361 (Ordon. des Rois de France, t. iii, p. 543); *Saulcy*, 1567 (Etat des décimes).

35. Juvancourt (Sanctus Antonius). — *Juvencurt*, 1115 (Ch. fundationis Clairvaux); *Juvencort, Jovencort, Jovencurt*, 1135-1147 (Cartul. Clairvaux) ; *Jovencurtis*, 1171 (Ibid.) ; *Juveincort et Juveincurt*, 1196 (Ibid.); *Juvancurt*, 1205 (Ibid.) ; *Juvancourt*, 1172-1222 (Le livre des vassaux) ; *Givencuria*, 1230 (Cartul. Clairvaux); *Jivencort*, 1234-1243 (Feoda Campanie) ; *Juvencuria*, 1237 (Cartul. Clairvaux).

36. Arconville (Sanctus Martinus). — *Acunvilla*, 1135 (Cartul. Clairvaux); *Acconvilla* 1135 (F. Clairvaux), *Arcuville*, 1198 (Ibid.) ; *Acconville*, 1466 (Ibid. Comptes des recettes et dépenses).

37. Bergères (Sanctus Stephanus). — *Bergerie*, 1170. (Cartul. Clairvaux) ; *Bergières*, 1198 (Ibid) ; *Bergères*, 1227 (Ibid.).

38. Bayel (Sanctus Martinus). — *Bayer*, 1101 (F. Prieuré Ste-Germaine); *Bayeria*, 1135 (F. Clairvaux) ; *Baye*, 1162 (Cart. Clairvaux) ; *Baeium, Baerium*, 1170-1198 (Ibid.); *Baiel*, 1172-1222 (Livre des vassaux des comtes de Champagne) ; *Bayel*, 1539 (Archiv. de l'Aube).

39. Colombé-la-Fosse (Sanctus Lupentius). — *Columbe*, 1101 (Ch. Hugonis, Com. Campanie. — Prieuré Ste-Germaine); *Colombert*, 1149 (Ch. Henrici I, Com. Campanie, ibid.); *Columbeium et Columberium ad fossam*, 1185 (Cartul. Clairvaux) ; *Columbey-la-Fosse*, 1293 (F. Clairvaux).

40. Urville (Sanctus Petrus ad Vincula). — *Urivilla*, 1077-1089 (F. Prieuré de Montier-en-l'Isle) ; *Urvilla*, 1086 (Cartul. Molesme) ; *Jurvilla*, 1147 (Cartul., Clairvaux) ; *Hurvilla*, 1179 (Ibid.); *Jurevilla*, 1198 (F. Clairvaux); *Urvile*, 1198 (Ibid.).

TEXTE DE 1435.   1752

41. Abbatissa Sancti Nicholai Barri. . .   700 l.
42. Duo capellani Sancti Petri Barri, qui-
   libet xiii l. valent . . . . xxvi l.

> Capellanus Sancti Desiderii, in pres. prioris dicte
> ecclesie. . . . .   40 l.
> Capellanus Sancti Michaelis, in pres. prioris dicte
> ecclesie. . . . .   40 l.

43. Capellanus Sancti Nicholai, in eccles. Sancti Machuti. In present. prepositi dicte Ecclesie. . .   10 l.
44. Capellanus Sancti Bartholomei, in eccles. Sancti
   Machuti. In present. prepositi dicte ecclesie. .   70 l.

Additions tirées des pouillés du xvi⁰ siècle.

PARROCHIÆ.

45. Sancta Magdalena de *Thors*. Cruce signati tenent.
46. Sanctus Vinebaldus de *Maisons*, succ. de Thors.
47. Sanctus Laurentius de *Froidevaux*, succursus Cepeti
   (Spoix).
48. Conventus de *Belroi*, juxta Barrum. Ord. Sancti
   Augustini. . . . .   700 l.
49. Fratres Cordigeri *(Cordeliers)* juxta Barrum super
   Albam. . . . .   300 l.

---

45. THORS. — *Tors*, 1085-1110 (F. Prieuré de Montier-en-l'Isle); *Toria*, 1179 (Cartul. Clairvaux); *Toyre*, 1200 (Cartul. de Champagne); *Tori et Thoriacum*, 1238 (Cartul. Molesme); *Vallis Taurorum*, 1269 (Cartul. du Temple); *Thora*, 1285 (F. Clairvaux).

46. MAISONS. — *Maisones*, 1138 (Cartul. S. Loup); *Maysones*, 1198 (F. Clairvaux); *Mansio in Campaniâ*, 1227 (Chantereau, t. ii. p. 175-177); *Maisons*, 1241 (Cartul. Clairvaux).

47. FRAVAUX. — *Fredevallis* et *Fredivallis*, 1113 et 1117 (F. Montiéramey); *Freuval* et *Fraivallis* 1145 (F. Clairvaux); *Fraavallis*, 1220 (Cartul. Clairvaux); *Fraaval*, 1224 (F. Montiéramey); *Froival*, 1224, et *Froeval*, 1235 (Cartul. Clairvaux); *Froivaux*, xiii⁰ s. (Bibl. Troyes, ms. 365); *Froivaulx*, *Froyvaux*, *Froyval*, de 1537 à 1681 (F. Montiéramey).

48. BELROY, C. ecc. et civ. Bar-sur-Aube. — *Conventus de Biauroi*, 1225 (F. Clairvaux); *Beauroi*, 1231 (Ibid.); *Bellus Rex*, 1240 (F. St-Maclou); *Belroy-sur-Aube*, 1384 (F. Montiéramey).

CAPELLÆ (copie de 1605, fol. 147. v°).   1732

50. Capella Sancti Jacobi in ecclesiâ Sancti Machuti de Barro super Albam. In præsent.
præpositi ipsius ecclesiæ . . . .   xv l.
51. Capella B. Catharinæ in castro de Bligneyo.
In patrono laico (le seigneur de Bligny) .   xxx l.   50 l.
52. Capella B. Catharinæ in ecclesiâ de Cepeto.
In patrono laico (le seigneur de Spoix). .   c s.   80 l.

Additions tirées du pouillé de 1732.

53. Capella Annuntiationis B. Virginis in ecclesiâ Sancti
Maclovii Barri. In præsent. hebdomadarii. . .   24 l.
54. Capella Conceptionis B. Virginis in ecclesiâ Sancti
Maclovii Barri. In præsent. capit. dictæ ecclesiæ.   10 l.
55. Capella Sancti Antonii in ecclesia de *Fontaine.* In
præsent. N. . . . .   24 l.
56. Capella Sanctæ Catharinæ in ecclesia Sancti Maclovii Barri. In præsent. capituli dictæ ecclesiæ. .   35 l.
57. Capella Sancti Stephani in ecclesia Sancti Maclovii
Barri. In præsent. hebdomadar. capituli dictæ
ecclesiæ. . . . .   40 l.
58. Capella Sancti Joannis Baptistæ de *Jaucour.* In præsent. domini temporalis dicti loci. . . . . .   60 l.
59. Capella Sancti Joannis Evangelistæ in ecclesia Sancti
Maclovii Barri. In præsent. hebdomadar. dicti
capituli. . . . .   50 l.
60. Capella Sancti Nicolai in ecclesia Sanctæ Magdalenæ
Barri. Annexa capitulo dicti loci . . . . . .   60 l.
61. Capella Sancti Nicolai a *Blaigny.* In præsent. domini   80 l.
temporalis dicti loci.
62. Capella Sancti Trinitatis in ecclesia Sancti Maclovii
Barri. In præsent. N. . . . .   50 l.

CONVENTUS.

63. Domus Conventualis Monialium Sanctæ Ursulæ Barri.   600 l.
64.   — Conventualis Capuccinorum Barri   . . . .

65. Sacristia Sanctæ Germanæ Barri. In nominatione
prioris dictæ Sanctæ Germanæ. . . . . . . 400 l.
66. Sacristia Sancti Petri Barri. In nominatione prioris
dictæ ecclesiæ . . . . 170 l.
67. Hospitalis Sancti Spiritûs Barri.
68. Leprosaria Barri.

§ II. — *Archidiaconatus Laticensis.* — *Decanatus Barri*
super Sequanam.

Archidiaconus *Laticensis* annuam habet visitationem super
parochialibus ecclesiis et earum succursibus dicti archidiaconatûs, et jus procurationis est ab eo receptum pro visitatione a
curatis seu eorum vicariis cujuslibet parochiæ quinquaginta
trium solidorum et quatuor denariorum, et a procuratoribus seu
matriculariis ecclesiarum solvuntur expensæ pro uno integro
die. Habet jurisdictionem officialis in cursu visitationis et tertiam partem omnium emendarum.

Decanus *Barri super Sequanam* habet visitationem annuam
super et extra ecclesias; et recipit procurationem viginti quinque solidorum, qui solvuntur a procuratoribus ecclesiarum,
cum expensis decani et clerici ejus (Pouillés du XVIᵉ siècle).

TEXTE DE 1435.   1732

Habet episcopus visitationem et procurationem :

69. Prior dicti Barri : abbas Sancti Mi- chaelis Tornodor. . . . . lx l. **104** g.		230 l.
70. Prior de Julleyo : abbas Reomensis. . lx l. 52 g.		350 l.
71. Capella Doze : abbas Molismensis. . . c l. 52 g.		520 l.
72. Prior de Britignolia : abbas Molis- mensis . . . . lx l.		50 l.

---

71. CHAPELLE D'OSE. C. eccl. et civ. Chaource. — *Ausa* (la chapelle d'Ose,
comm. de Lantages) 753 (Vallet de Viriville, Archiv. hist. de l'Aube, p. 394) ;
Ausa, 754 (F. Montier-la-Celle) ; *Ose,* (Cartul. Molesme) ; *Capella Ause,* 1189
(Cartul. Larrivour) ; *Capella super Osam,* 1204 (Cartul. Molesme) ; *Chapelle*
d'Ose, 1210 (Ibid.).

75. Prior de Vivariis : abbas Arrema-
    rensis. . . . . xii×× l. 65 g. 2000 l.
74. Prior de Merreyo ; abbas Molismensis.   c l. 58 g.   600 l.
75. Prior de Noex : abbas Molismensis. ,   xx l.
76. Prior de Fisco *Faux* : abbas Sancti Petri
    Vivi Senonum . . . . xxx l. 52 g.   500 l.
77. Decanus de Franines. . . . .   xxx l.
78. Prior Insule Trecensis . . . .   xxxv l.
79. Prior de Cunfiins : abbas Sancti
    Claudii. . . . . iiii×× l.   400 l.

SEQUUNTUR EXEMPTI DECANATUS BARRI SUPER
SEQUANAM.

80. Prior de Vendopera : abbas Clu-
    niacensis . . . . iiii c l.   1000 l.

Additions tirées du pouillé de 1492.

81. [Abbatia de Moris : abbas Clarevallis.   iii c l. 4300 l.
82. Capitulum Sancti Petri de Musseyo,
    in quo sunt xiii prebende, valent.   1300 l.
83. Minister Domus Glorie Dei] . . . . viii×× l. 1600 l.

PAROCHIE.

84. Agulleyum : episcopus confert. . . .   xx l. 40 g.   500 l.
85. Airolie : episcopus confert. . . . . xxxv l. 55 g.   500 l.

---

81. Morns. C. eccl. et civ. de Mussy. — *More*, 1101 (Cartul. Molesme) : *Mores*, 1167 (F. Quincy).

84. Eguilly (Sanctus Martinus). — *Aquilleium*, 1186-1161 (F. Clairvaux) ; *Aguillei*, 1166 (Cartul. Clairvaux) ; *Aquilleium*, 1179 (Ibid) ; *Aguleium*, 1183 (Cartul. Larrivour) ; *Aguilli* (F. Montiéramey) ; *Eguilli*, 1388 (Recueil d'aveux).

85. Arelles (Sanctus Petrus ad Vincula). — *Arellie*, 1260 (Ch. Theobaldi IV, reg. Navarre) ; *Arelles*, 1379 (Bibl. Imp. F. Franç. 5095).

86. Avireyum in Bosco : episcopus conf.	lx l. 26 g.	500 l.
87. Barneolum : episcopus confert. . .	vɪxx l. 70 g.	1600 l.
88. Barros sub Sequanam : capitulum Lingonense presentat.	vɪxx l. 78 g.	800 l.
89. Bourgoignons : episcopus confert . .	l l. 50 g.	500 l.
90. Briers : episcopus confert	xxv l. 50 g.	450 l.
91. Burreyum : prior de Vandopera presentat.	xx l. 40 g.	800 l.
92. Buxeu : capitulum de Musseyo presentat.	xxv l. 50 g.	400 l.
93. Canonici Barri sub Sequanam. . . .	xxɪɪ l.	1060 l.
94. Essoya : abbas Molismensis present.	xl l. 70 g.	550 l.

86. AVIREY (Sanctus Fidolus).— *Avireium*, 1081 (Cartul. Molesme) ; *Avire*, 1095 (Ibid.) ; *Avireum*, 1103 (Ibid.) ; *Aviri*, 1141 (F. Quincy) ; *Aviri au bois*, XIII s. (Bibl. Troyes, ms. 365) ; *Avirey-le-Bois*, 1388 (Recueil d'aveux et dénombrem.) ; *Avirey-le-Bois* et *Lingey*, 1461-1462 (Compte de Jaquemin Jaqueau).

87. BAGNEUX-LA-FOSSE (Sanctus Valentinus). — *Bagnolum*, 711 (Cartul. gén. de l'Yonne) : *Banolium*, 1099 (Cart. Molesme) ; *Bagnolum*, 1108 Ibid.— *Barneola*, 1178 (Cartul. gén. de l'Yonne) ; *Balneolum*, 1238 (Cartul. Molesme) ; *Baigniaux* et *Bangniaux*, 1238-1244 (Ibid.) ; *Baigneux*, 1309 (F. Clairvaux).

88. BAR-SUR-SEINE (Sanctus Stephanus). — *Barris Castro*, 840-870 (Dossier d'argent de Charles-le-Chauve) ; *Castellum Barrum*, 889 (Cartul. gén. de l'Yonne) ; *Barrum super Secanam*, 1084 (Cartul. Molesme) ; *Bar-sur-Seine*, 1285 (Compte des recet. et dép. du comté de Champagne).

89. BOURGUIGNONS (Sanctus Valerius).— *Bulgondio*, 872 (Camusat, Prompt. fol. 20 v°) ; *Bergoignans*, 1240 (F. S¹ Loup) ; *Bourgoignons*, 1388 (Recueil d'avoux).

90. BRIEL (Sanctus Mauritius). — *Brieium*, 1101 (Cartul. Molesme) ; *Brierium*, 1104 (Ibid.) ; *Briei, Briel*, 1146-1169 (Cartul. Larrivour) ; *Briers*, 1209 (F. Montiéramey) ; *Briellum*, 1234-1243 (Feoda Campanie).

91. BEURREY (Sanctus Andochius). — *Beria*, 664 (Bouquet, t. IV, p. 647) ; *Birrei*, 1126 (Gallia Christ. t. IV, Instr., p. 158) ; *Burreium*, 1147 (Cartul. Clairvaux) ; *Beurrey*, 1372 (Ordon. des Roys de France, t. V. p. 473).

92. BUXEUIL (Sanctus Lupus). — *Buxatellum*, 664 (Bouquet, t. IV. p. 647)- *Buxovilla*, 1101 (Cartul. Molesme) ; *Busseil*, 1103 (Ibid.) ; *Buxel*, 1172-1222 (Livre des vassaux des comtes de Champagne) ; *Bussolium* et *Buxolium*, 1173, 1179 (Cartul. Clairvaux) ; *Buxuel*, 1201 (Feoda Campanie) ; *Buissel*, 1222-1229 (Cartul. Clairvaux) ; *Bussuel*, 1228 (Cartul. Molesme) ; *Buxeuil*, 1379 (Bibl. Imp., F. Franç. 5995).

94. ESSOYES (Sanctus Remigius), c. eccl. et civ. — *Yssoia*, 1084 (Cartul. Molesme) ; *Exsoya, Exoya, Exogia, Exoium, Exogium, Essoyacum*, 1101 (Cartul. Molesme) ; *Essoia, Essoi*, 1164 (F. Clairvaux) ; *Essoyes*, 1189 (Cartul. Clairvaux).

TEXTE DE 1435.   1752

95. Fontettes et Sanctus Eusebius : episcopus confert.	xxx l. 56 g.	420 l.
96. Gicyum : abbas Castellionis present.	l l. 70 g.	600 l.
97. Lantaiges : episcopus confert . . .	l l. 70 g.	650 l.
98. Loiches : abbas Arremarens. present.	xxv l. 50 g.	450 l.
99. Maignancum : episcopus confert . .	xxv l. 50 g.	400 l.
100. Maireyum : abbas Molesmen. present.	xxxv l. 52 g.	500 l.
101. Marrolie : abbas Arremarens. presentat	xxx l. 60 g.	650 l.
102. Musseyum ; annexa capitulo dicti loci. Capitulum dicti loci present.		

95. Fontettes (Sancti Cornelius et Cyprianus). — *Fontete,* 949 (Chronic. Lingon., p. 73); *Fontetes,* 1121 (Cartul. Clairvaux); *Fontetum, Fonteta, Fontetes,* 1147 à 1230 (F. Clairvaux).

SAINT-USAGE (Sanctus Eusebius). — *Sanctus Eusebius,* 1121 (F. Clairvaux); *Sanctus Eusegius,* 1179 (ibid.); *Sanctus Osegius,* 1202 (ibid.); *Saint-Ozage,* 1234-1243 (Feoda Campanie); Saint-Usage, 1379 (Bibl. Imp. F. Franç. 5995).

96. Gyé (Sanctus Germanus). — *Gayacum* (Labbe Biblioth. mss., t. I, p. 441, correction de Lebeuf, Recueil de divers écrits, t. I, p. 82); *Gié,* 1136-1161 (F. Clairvaux); *Gyé,* 1202 (Cartul. Clairvaux); *Gyé sur Saigne,* 1280 (F. Prieuré Gloire-Dieu).

97. LANTAIGES (Sanctus Valentinus). — *Nantavia,* 753 (Archiv. Aube, F. Montier-la-Celle): *Lantagia,* 1101 (Cartul. Molesme, Gallia Christ., t. IV, Instr., p. 149); *Lantagium,* 1179 (F. Clairvaux); *Lantage,* 1152-1180 (Feoda Campanie); *Lantaige,* 1213 (F. Commanderie de Troyes).

98. LOCHES (Sancti Petrus et Paulus). — *Loche,* 1147 (Cartul. Clairvaux); *Lochia,* 1152 (Ch. Godefridi, ep. Lingon.); *Loches,* 1232 (Cartul. Molesme); *Lochie et Loschie,* 1314-1318 (F. Montiéramey); *Loiches,* 1412 (Ordonn. des Roys de France, t. X, p. 63).

99. MAGNANT (Sanctus Julianus). — *Mainnantum,* 1105 (Cartul. Molesme); *Mainnent,* 1179 (F. Clairvaux); *Maignant,* 1189 (F. Montiéramey); *Magnant,* 1198 (ibid.).

100. MERREY (Sanctus Petrus ad Vincula). — *Marriacum,* 1080 (Cartul. Molesme); *Moreium,* 1089 (ibid.); *Mariacum,* 1097 (ibid.); *Merriacum,* 1101 (ibid.); *Merreium,* 1215 (F. N.-D. aux Nonnains); *Merey,* 1379 (Bibl. Imp. F. Franç. 5995).

101. MAROLLES (Sanctus Germanus). — *Marolium,* 1113 (F. Montiéramey); *Marolle,* 1119 (Cartul. Molesme); *Mareole,* 1138 (ibid.); *Marolles,* 1149 (Ch. Comitis, Henrici I); *Marolie,* 1204 (Cartul. Hôtel-Dieu le Comte); *Maroilles,* 1380 (F. St Maclou).

102. MUSSY (Sanctus — *Musciacum,* 815 (*Archives de l'Empire,* t. I, p. 6); *Mussi,* 1151 (Gallia Christ., t. IV. Instr., p. 174); *Muxeium et Musseium,* 1183 et 1202 (Cartul. Clairvaux); *Mussy,* 1213 (ibid); *Mussi l'Evesque,* 1468 (Ordonn. des Roys de France, t. XVII, p. 156).

TEXTE DE	1435.	1732
103. Poliseyum : episcopus confert. . .	xl l. 70 g.	300 l.
104. Riccyum : abbas Reomens. present.	l l. 35 g.	1400 l.
105. Vendopera : prior dicti loci present.	xxv l. 50 g.	800 l.
106. Vauchonz Villers : prior de Vendopera preseutat	xxv l. 50 g.	350 l.
107. Villamorina : abbas Reomensis preseutat.	l l. 35 g.	300 l.
108. Villa super Arciam : capitulum Lingon. presentat.	lx l. 70 g.	300 l.
109. Virreyum subtus Barrum : abbatissa B. M. ad Moniales Trecarum presentat	xl l. 70 g.	1000 l.
110. Vitreyum : capitulum Barri ad Albam presentat.	lxx l. 70 g.	450 l.

---

103. Polisy (Sanctus Felix). — *Polesius* et *Poliseius*, 1101 (Cartul. Molesme) ; *Poliseius major*, 1103 (ibid.) ; *Polisy*, 1201 (Feoda Campanie) ; *Polisi* et *Poleisi*. 1210 (F. Hôtel-Dieu le Comte).

104. Ricey-Bas (Sanctus Petrus). — *Retiacum*, 695 (Cartul. gén. de l'Yonne), *Reciacum*, 711 (ibid.) ; *Ricei*, 1068 (Gallia Christ., t. IV. Instr., p. 140) ; *Riciacum* et *Ritiacum*, 1083 (Cartul. Molesme) ; *Rice*, 1103 (ibid.) ; *Risse* et *Ricey*; 1989 (Recueil d'aveux). Toutes ces dénominations s'appliquent aux trois Riceys).

105. Vendeuvre (Sanctus Petrus). — *Vindovera* (monnaie méroving.); *Vandovera*, 604 (Bouquet, t. IV, p. 647) ; *Vendopera*, 865 (Annal. Bertiniane) ; *Vandoperium*, 1080 (Cartul. Molesme) ; *Vendevra*, 1095 (Cartul. Cluny, t. 1, p. 46) ; *Vindovrium*, 1097 (Cartul. Molesme).

106. Vauchonvillers (Sanctus Petrus). — *Waschoviler*, 1179 (Cartul. Larrivour) ; *Wauchoviler*, 1209 (Cartul. Clairvaux) ; *Wauchonvilers*, 1218 (ibid.) ; *Walchviller*, *Vaschiviller*, 1229 (Cartul. Larrivour) ; *Wauchonviller*, 1229 (Cartul. Clairvaux).

107. Villemorien (Sanctus Germanus). — *Villamauriana*, 721 (Pardessus *Diplomata*, t. II, p. 325) ; *Villamorianus*, 753 (Archiv. Aube, F. Montier-la-Celle) ; *Villamorinus*, 1179 (Cartul. gén. de l'Yonne) ; *Villamorien*, 1213 (F. Commanderie de Troyes); *Villa Moreyn*, 1231 (Cartul. Molesme); *Villemorien*, 1388 (Recueil d'aveux).

108. Ville-sur-Arce (Sanctus Albinus). — *Villa* 881 (Perrard, recueil p. 1591) ; *Villa super Arciam* et *super Archiam* 1147 (Cartul. Clairvaux) ; *Villa super Arche* 1169 (Gallia Christ. t. IV, *Instr.* p. 183) ; *Ville Arces* 1236 (Cartul. Hôtel-Dieu-le-Comte.

109. Virey-sous-Bar (Sanctus Stephanus).— *Vireium* 1232 (Cartul. Champagne).

110. Vitry-le-Croisé (Sanctus Benignus).— *Vitriacum* 1113 (F. Montiéramey) ; *Vitreium* 1147 (F. Clairvaux) ; *Victry-le-Croisé* 1466 (Comptes Clairvaux).

TEXTE DE   1435   1732

Addition tirée du pouillé de 1492.

111. | Balenodus : capitulum de Mus-
seyo presentat | . . . . . . xx l.   320 l.

ECCLESIE QUE NON SOLVUNT.

112. Chacenayum · abbas Molesmensis
presentat. . . . . xii l. 24 g.   700 l.
113. Chirreveyum : abbas Arremaren-
sis presentat . . . . xv l. 30 g.   350 l.
114. Cunfinum : prior dicti loci present. xii l. 24 g.   330 l.
115. Longum Pratum : prior de Vendo-
pera presentat . . . . xii l. 24 g.   350 l.
116. Masnifouchars : prior de Vendopera
presentat. . . . . x l.   6 g.   300 l.
117. Noex : abbas Molismensis presentat. xv l. 30 g.   300 l.

---

111. BALNOT-SUR-LAIGNES (Sanctus Savinianus). — *Balenon* 1068 (Gallia Christ. t. IV p. 146); *Balleno le-Chastel* 1388 (Recueil d'Aveux), *Balenot-la-Fosse* 1679 (Carte de Sanson).

112. CHASSENAY (Sanctus Nicolaus).— *Cancennaium* 1083 (Cartul. Molesme); *Castrum Censurii et Castrum Censorium* 1095 (ibid.); *Chacenniacum* 1100 (ibid.); *Chacenaium* 1135 (F. Clairvaux); *Chacenai* 1146 (F. Bassefontaine); *Chassenai* 1261 (Fooda Campanie).

113. CHERVEY (Sanctus Victor). — *Cherreiacum* 1101 (Cartul. Molesme); *Chirreiacum* 1117)F. Montiéramey); *Cherreveium* 1147 (Cartul. Clairvaux); *Cherreve* 1164 (F. Clairvaux); *Cherrivi, Chierreve, Cherrivei* 1206-1272 (F. Montiéramey); *Chervey* 1379. (Bibl. Imp. F. Franç. 5995).

114. CUNFIN (Sanctus Mauritius). — *Confinium* 1076 (Chronic. Lingon. p. 94); *Confin* 1161-1179 (Cartul. Clairvaux); *Cufin* 1213 (ibid.); *Cunffin* 1385 (F. Clairvaux).

115. LONGPRÉ. (Sanctus Petrus).— *Longum pratum* 1117 (F. Montiéramey); *Longpré* 1379. (Bibl. Imp. F. Franç., 5995).

116. MAGNIFOUCHARD. (Sancta Magdalena).— *Fulchard-Maisnil* 1179 (Cartul. Larrivour); *Fouschardi Masnilium* 1199 (F. Montiéramey); *Fulchart Maigni*, 1207 (Cartul. Larrivour). *Mainillum Fouchardi* 1284 (F. St Maclou); *Masnil Fouchard* XIIIe siècle (Extenta, Bar-sur-Aube); *Magny Fouchard* 1379 (Bibl. imp. F. Franç. 5995).

117. NOÉ-LES-MALLETS (Sanctus Petrus ad Vincula). — *Nucerium* 1095 (Cartul. Molesme); *Noie et Noerie* 1101 (ibid.); *Nucarie* 1145 (ibid.); *Nucerie* 1149 (Ch. Henrici Comit. Campanie. — Prieuré de Ste Germaine); *Nuers* 1164 (F.Clairvaux); *Noiex* 1203 (Cartul. Molesme); *Noe* 1379 (Bibl. F. Franç. 5995); *Noyers* 1581 (F. Clairvaux).

	TEXTE DE	1435	1732
118. Polisetum : capitulum Lingonense presentat.		xii l. 24 g.	600 l.
119. Vallis Suzanne : prior de Vendopera presentat.		v l.	250 l.
120. Villa in Bosco, *alias* Villa nova ad Nemus : prior de Vendopera presentat			
121. Villanova au Chasne : prior de Vendopera presentat.		x l. 20 g.	450 l.
122. Quatuor Capellani de Julleyo . . .		xl l.	
123. Gloria Dei de Chacenayo			
124. Domus Dei Sancti Bernardi		xv l.	
125. Capellanus Sancti Nicholai Barri. .		iv l.	65 l.
126. Capellanus de Vivariis juxta Cherreveyum.		vi l.	

Malaium 1095 (Cartul. Molesme); *Malay* et *Malle* 1092 (ibid); *Malla* 1101 (ibid); *Malleium* 1103 (ibid); *Mallai* et *Malai* 1135 (Cartul. Clairvaux); *Melai* 1147 (F. Clairvaux).

118. Polisot (Sanctus Dionysius). — *Polesot* 1169 (Gallia Christ. t. IV, Inst. p. 183); *Polisotum* 1226 (Cartul. Molesme); *Polisot* 1388 (Recueil d'aveux).

119. Valsuzenay (B. V. Maria Nata). — *Vallis Susenayn* 1229 (Cartul. Larrivour); *Vausuzenain* 1547 (Mém. ms. sur Vendeuvre).

120. La Ville-au-Bois-lès-Vendeuvre (B. V. Maria Assumpta). — *Villa nemoris*, 1179 (F. Larrivour); *Villa ad Boscum supra Amanciam*, 1243 (F. Clairvaux); *Villa au boys*, 1388 (Cartul. du Temple); *Villeneuve aux bois*, 1679 (Carte de Sanson); *La Ville aux bois lez Vendœuvres* (Cassini).

121. La Villeneuve-au-Chêne (Sanctus Nicolaus). — *Villa nova ad quercum*, 1255 (Vallet de Viriville, Archives de l'Aube, p. 362); *Villeneufve au Chesne*, 1600 (Mém. ms. sur Vendeuvre); *La Villeneuve Mesgrigny*, 1646 (F. Montiéramey).

123. La Gloire-Dieu. — *Fratres Ord. Sancte Trinitatis qui captivos redimit*, 1213 (Ch. de la Gloire-Dieu); *Fratres Ord. Sancte Trinitatis et Captivorum de Novavillâ*, 1227 (ibid); *La Gloire-Dieu*, 1280 (ibid); *La Glore-Deu*, 1292 (ibid); *La Glore-Dieu*, 1296 (ibid); *La Glore-Dey*, 1315 (ibid.); *La Gloire-Dieu*, 1352 (ibid.).

126. Viviers (Sanctus Victor). — *Viverie*, 1117 (F. Montiéramey); *Vivarie*, 1135 (Gallia Christ., t. IV, *Instr.*, p. 165); *Vivers*, 1179-1192 (Cartul. Clairvaux); *Viviers*, 1331 (F. Montiéramey).

Additions tirées des pouillés du XVIᵉ siècle.

SUCCURSUS.

127. Buxeriæ, succursus Villæ super Arciam.
128. Bertignoliæ, succ. Chassenaii.
129. Calidus Furnus, succ. Maroliæ.
130. Celles, succ. Polisoti.
131. Courtonodum, succ. Vireii subtus Barrum.
132. Courteron, succ. Gyeii.
133. Franignes, succ. Maignanci.
134. Julleyum Castrum, succ. Villæ Morinæ.

---

127. Buxières (Sanctus Martinus). — *Busserie.* 1095 (Cartul. Molesme); *Busseriacum,* 1101 (ibid.); *Buxerie,* 1147 (Cartul. Clairvaux); *Buxierres,* 1379 (Bibl. Imp. F. Franç. 5995).

128. Bertignolles (Sanctus Robertus). — *Britanniolum,* 1080 (Cartul. Molesme); *Britiniola et Britignola,* 1101 (ibid.); *Britannolium, Bretinnole,* 1108 (ibid.); *Bretinolia,* 1213 (ibid.); *Bretegnolle,* 1205 ; *Breteignole,* 1226 (ibid.); *Bretignolles,* 1379 (Dénombr. génér. des fiefs).

129. Chauffour (Sanctus Marcellus). — *Calidus Furnus,* 1089 (Cartul. Molesme); *Chaufor,* 1206 (F. Montiéramey); *Chaufour,* 1216 (Gallia Christ., t. IV, *Instr.* p. 201).

130. Celles. — *Cella,* 1095 (Cartul. Molesme); *Sela,* 1135 (ibid.); *Seles,* 1213 (ibid.); *Sele,* 1220 (ibid.); *Celles,* (Dénombrem. génér. Bibl. Imp. F. Franç. 5995).

131. Courtenot (Sanctus Petrus). — *Cortis onulfi,* 896 (Duchesne, *Maison de Vergy,* Preuves, p. 19); *Curtenum,* vers 1140 (Cartul. de Larrivour); *Curtenou,* 1145 (Cartul. gén. de l'Yonne); *Cortenum,* 1204 (F. Hôtel Dieu-le-Comte); *Cortenou,* 1240 (F. N. D. aux Nonnains); *Cortenost,* 1285 (Compte des recet. et dép. du comté de Champagne); *Courtenot,* 1379 (Bibl. Imp. F. Franc. 5995).

132. Courteron (Sanctus Lambertus). — *Curtirunium,* 1085-1085 (Cartul. Molesme); *Curteron,* 1095 (ibid.); *Curterunum,* 1101 (Gallia Christ., t. IV, *Instr.* p. 151); *Corterron,* 1101 (Cartul. Molesme); *Curtero.* 1107 (ibid.); *Courteron,* 1238 (ibid.).

133. Fralignes (Sanctus Patroclus). — *Fraisninee,* 1084 (Cartul. Molesme); *Frasnine,* 1101 (ibid.); *Fragnine,* 1101 (Cartul. gén. de l'Yonne); *Frasnines,* 1153 (F. Montiéramey); *Fralignes,* 1379 (Bibl. Imp. F. Franç. 5995).

134. Jully-sur-Sarce (B. V. Maria Assumpta). — *Juleium,* 1218 (Ch. Guidonis de Capis); *Juleyum,* 1240 (F. St Maclou); *Jully,* 1285 (Compte des recettes... du comté de Champagne); *Juylli,* 1309 (Joinville, Histoire de S. Loys); *Juilly-le-Chastel,* 1480 (Ordonn. des Roys de France, t. XVIII, p. 579).

135. Landrevilla, succ. Lochiarum.
136. Lingeium, succ. Avireii.
137. Plaines, capella vicarialis annexa capitulo de Musseyo.
138. Pralanum, succ. Lantagiarum.
139. Puteus, succ. Longi Prati.
140. Riceyum Altum, } succ. Riceii Bassi.
141. Riceyum Medium, }
142. Tieffranum, succ. Beureii.
143. Villanova, succ. Gyeii.
144. Villarium in Troda, succ. Maroliarum.
145. Vogreyum, succ. Vireii subtus Barrum.

---

135. LANDREVILLE (B. V. Maria Assumpta). — *Landevilla,* 1152 (Ch. Godefridi, episc. Lingon.); *Landrivilla,* 1189 (F. Montiéramey); *Landrevilla,* 1224 (ibid.); *Landriville,* 1268 (F. Pothières); *Landreville,* 1379 (Bibl. Imp. F. Franç. 5995).

136. LINGEY (Sancta Genovefa). — *Lingiacum,* 1097 (Cartul. Molesme); *Lingeiacum, Lingeium,* 1103 (ibid.); *Lingey,* 1379 (Dénombrem. génér. des fiefs).

137. PLAINES (Sancta Crux). — *Platenatum,* 1102 (Cartul. Molesme); *Plaanetum,* 1114 (ibid.); *Plaines,* 1209 (Cartul. Clairvaux).

138. PRASLIN (Sanctus Patroclus). — *Pratolenum,* 1179 (Cartul. gén. de l'Yonne); *Pratalenum et Praalym,* 1097 (Cartul. Molesme); *Praalin,* 1100 (ibid.); *Praalein,* 1214-1222 (Feoda Campanie).

139. LE PUITS (B. V. Maria Assumpta). — *Puteus,* 1189 (Cartul. Clairvaux); *Le Puy,* 1379 (Bibl. Imp. F. Franç. 5995).

140. RICEY-HAUT (Sanctus Vincentius). — Cfr. n. 104.

141. RICEY-HAUTE-RIVE (Sanctus Joannes Baptista). — Cfr. n. 104. Dès l'an 721, Ricey-Haute-Rive s'appelait *Alta Ripa* (Pardessus *Diplomata,* t. II, p. 324).

142. THIEFFRAIN (Sanctus Mammes). — *Tiefren,* 1146-1169 (Cartul. Larrivour); *Teffreeim,* 1225 (F. Montiéramey); *Thefrein,* 1228 (ibid.); *Thieffrain,* 1379 (Bibl. Imp. F. Franç. 5995).

143. NEUVILLE-SUR-SEINE (B. V. Maria Nata). — *Novavilla in Barrensi comitatu* 971; *Novilla* 1213, *Noville,* 1256, *Neuvile* 1296 (F. Gloire Dieu); *Neufville* 1315 (ibid.).

144. VILLY-EN-TRODES (Sanctus Laurentius). — *Villiacum* 1120 (F. Montiéramey); *Videliacum* 1134 (Ibid.); *Vilers in Trohouda* 1197 (ibid.); *Vilerus in Orreo* 1209 (Ibid.); *Vilers lez Troudes* 1325 (Ibid.); *Villy en Trosdes* 1450 (ibid.).

145. VOUGREY (B. V. Maria Assumpta). — *Vocratus* 753 (Archiv. Aube F. Montier-la-Celle).

CAPELLÆ (copie de 1605, f° 147 r°).   1752

146. Capella Sancti Joannis Evangelistæ in paro-
    chiali ecclesia de Barro super Sequa-
    nam. . . . .   x l.   50 l.
147. Capella Sancti Nicolai in ecclesia parochiali
    de dicto Barro. In præsent. confratrum
    dictæ capellæ. . . . .   x l.   65 l.
148. Capella Sancti Sacramenti in dicta ecclesia.
    In disposit. episcopi. . . . .   50 l.
149. Capella Sancti Stephani in dicta ecclesia.
    In præsent. confratrum et in collat. epis-
    copi. . . . .   c s.
150. Capella Sanctæ Catharinæ in dicta ecclesia.
    In disposit. episcopi. . . . .   xxx l.   55 l.
151. Capella Sancti Mathurini in dicta ecclesia.
    In disposit. episcopi. . . . .   c s.
152. Capella Sancti Michaelis de Barro. In præ-
    sent. de Bonnot et in collat. episcopi. En
    1752. In præsent. natu-majoris familiæ
    de Lorme . . . .   lx s.   12 l.
153. Capella Sancti Nicholai, in ecclesia colle-
    giata de Musseyo. In disposit. capituli
    loci. . . . .
154. Capella omnium Sanctorum, in ecclesia col-
    legiata de Musseyo. In disposit. capituli
    loci. . . . .
155. Capella Sancti Joannis, Evangelistæ, in ec-
    clesia collegiata de Musseyo. In disposit.
    capituli loci . . . .
156. Capella Sancti Joannis Baptistæ, in ecclesia
    collegiata de Musseyo. In disposit. capi-
    tuli loci . . . .
157. Capella Sancti Joannis, Evangelistæ, de
    Riceyo Basso. In plenâ disposit. epis-
    copi. . . . .   xii l.   14 l.
158. Capella Sancti Joannis, Evangelistæ, de

(COPIE DE 1605, f° 147 r°).   1734

Gieyo. In donat. domini temporalis dicti
loci. . . . .

159. Capella Sancti Nicholai fundata in castro
de Villâ super Arciam. In donat. domini
dicti loci temporalis. . . . . IIIIˣˣ l.   200 l.

160. Capella Sancti Godonis, in ecclesia de Ri-
ceyo Alto. In donat. domini temporalis
dicti loci. . . . .

CONVENTUS (xvɪᵉ-xvɪɪᵉ siècles).

161. Commandaria de Avalloriâ prope Barrum
super Sequanam. In dispositione Cruce
signatorum. . . . .

162. Hospitale seu Domus Dei Comitis de Barro
super Sequanam. . . . . xxx l.   600 l.

163. Hospitale seu Domus Dei S. Spiritûs, extra-
muros dicti Barri. In dispositione Hospitalis de Monte Jovis. . . . . xv l.

164. Leprosaria de Barro super Sequanam. In
dispositione comitis loci . . . . xv l.

165. Hospitale seu Domus Dei de Musseyo Episcopi. In denominatione parrochianorum
loci. . . . .

166. Domus Conventualis Monialium Sanctæ Ursulæ, Barri super Sequanam. . . . . .   1040 l.

167. Domus Conventualis Monalium Sanctæ Ursulæ de Mussy-l'Evéque. . . . . . .   700 l.

Additions tirées du pouillé de 1732.

SUCCURSUS.

168. La Loge-Mesgrigny , succ. de Villeneuve-au-Chesne.

---

168. La Loge-aux-Chèvres (Sanctus Antonius). — *Logia* 1199 (F. Montiéramey); *Loge aux Chèvres les Champrez* ou *la Loge Mesgrigny* 1547 (Mém.
ms. sur Vendeuvre).

169. Verpilliers, succ. de Essoyes.
170. Villiers-sous-Praslin, succ. de Arelle.

CAPELLÆ.

171. Capella regia Annuntiationis B. Virginis, de *Jully-le-Châtel.*
    In præsent. domini temporalis dicti loci. . . . 300 l.
172. Capella B. Virginis, de *Ville-sur-Arce*. In disposit.
    episcopi. . . . . 133 l.
173. Capella vulgo, de *Oze* prope *Vougrey*. Annexa
    conventui Molismensi . . . . 520 l.
174. Capella Sancti Bernardi, de *Bar-sur-Seine*. In præ-
    sent. Bernardinorum Montis Senii. . . . . . 67 l.
175. Capella Sancti Hilarii, de *Magnan*. In dispositione
    episcopi. . . . . 80 l.
176. Capella Sancti Joannis Baptistæ, in castro de *Polisy*.
    In præsent. domini temporalis dicti loci. . . 33 l.
177. Capella Sancti Joannis Baptistæ, in castro de *Choi-*
    seul. In præsent. domini temporalis dicti loci. 50 l.
178. Capella Sancti Nicolai, in ecclesiâ de *Chervey*. In
    præsent. N. . . . . 20 l.
179. Capella Sancti Nicolai, in ecclesiâ de *Essois*. In
    præsent. prioris Molismensis . . . . 30 l.
180. Capella Sancti Nicolai, de *Vendeuvre*. In præsent.
    domini temporalis dicti loci. . . . . 160 l.
181. Capella Sancti Sacramenti, de *Merrey*. In præsent.
    confratrum dictæ capellæ. . . . . 25 l.
182. Capella Sanctæ Trinitatis in ecclesiâ de *Mussy*.
    Annexa capitulo dicti loci. . . . .
183. Sacristia Prioratûs Sancti Georgii, de *Vendeuvre*.
    In nominat. prioris dicti loci. . . . . 130 l.

---

169. Verpillières (B. V. Maria Nata). — *Vulpelerie* et *Vulpilerie* 1101
(Cartul. Molosme); *Wulpeillere* et *Wulpilere* 1164 (F. Clairvaux); *Verpilere*
1201 (Ibid.).
170. Villiers-sous-Praslin (Sanctus Nicolaus). — *Vilers* 1146 (Ch. Theobaldi II Com. Blesensis); *Villare Merderel* 1222-1229 (Feoda Campanie);
Villiers le Merdray 1269 (Ch. Theobaldi IV regis Navarro); *Villiers Merderay*
1641 (Inscription tumul. de Roger de Praslin); *Villiers sous Praslin* (Cassini).

§ III. — *Archidiaconatus Tornodorensis.* — *Decanatus*
Sancti Vimmerii.

Archidiaconus *Tornodorensis* habet visitationem annuam parochialium ecclesiarum sui archidiaconatûs, et pro procuratione
recipit quinquaginta tres solidos et quatuor denarios a curatis
earumdem ecclesiarum ; a procuratoribus vero ecclesiarum sol-
ventur expensæ, et quinque solidi pro breviculo. Dictus archidiaconus habet jurisdictionem officialis in cursu suæ visitationis
et tertiam partem omnium emendarum.

Decanus *Sancti Vimmerii* habet jurisdictionem usque ad quinque solidos turonenses, et nullam habet visitationem, nisi se-
mel in vita. Dictus decanatus annexus est parochiæ Sancti
Marcelli de *Rugneio* (Pouillé du XVIᵉ siècle).

TEXTE DE 1455.   1732

184. Prior de Pargue : abbas Arremaren-
   sis. . . . . vɪɪˣˣ l. 123 g.   70 l.

Additions tirées du pouillé de 1492.

185. [Curatus de Chaorsià.
186. Decanus ruralis.]

PARROCHIE.

187. Avrolium : episcopus confert. . .   xL l. 70 g.   700 l.
188. Bellus Visus : episcopus confert. . .   xx l. 30 g.   460 l.
189. Bernon : episcopus confert . . . .   xxx l.   800 l.

187. Avreuil. (B. V. Maria Assumpta). — *Ybrolium* 1108 (Cartul. gén. de
l'Yonne) ; *Ebrolium* 1131 (Ann. Yonne, 1849, p. 112) ; *Hevrola* 1218 (F. Hôtel-
Dieu-le-Comte) ; *Evrolie* 1222 (F. Vauluisant) ; *Evroles*. 1240 (F. N.-D.-des-
Prés) ; *Avreul* 1465 (Ordonn. des Roys de France, t. XVI, p. 373).
   188. Beauvoir (B. V. Maria Assumpta). — *Bellus visus* 1178 (Cartul. gén.
Yonne) ; *Bellumvidere* 1215 (Cartul. Léproserie des Deux-Eaux) ; *Belveoir* 1346
(F. Montiéramey) ; *Beauvoir* 1581 (F. Clairvaux).
   189. Bernon (Sanctus Vinebaldus). — *Bernon*, 1095 (Cartul. Molesme ;
Bernonus 1099 (Cartul. gén. de l'Yonne) ; *Bernum*, 1123 (Cartul. des Deux-
Eaux) ; *Bernum*, 1130 (Charta Comit. Theobaldi II).

5

<table>
<tr><td colspan="2" align="center">TEXTE DE 1453.</td><td>1732</td></tr>
</table>

190. Bragelonia : episcopus confert. . .	l. l.	900 l.
191. Duo capellani de Bragelonio. . . .	l. l.	
192. Chaaleyum : infirmarius Molismensis presentat	l. l. 70 g.	900 l.
193. Chaisiacum : abbas Sancti Petri Molosmi presentat.	xxx l. 70 g.	600 l.
194. Chaorsia : abbas Arremarensis presentat.	c l. 78 g.	700 l.
195. Cussangeyum : episcopus confert. .	l. l. 52 g.	400 l.
196. Estorviacum : abbas Sancti Petri, Molosmi presentat.	lx l. 70 g.	350 l.
197. Jaissia : episcopus confert.	xl l. 70 g.	350 l.
198. Rector leprosie Jaissie.		
199. Linguerie : abbas Sancti Michaelis Tornodor. presentat.	xxv l. 25 g.	450 l.

190. BRAGELOGNE (Sanctus Petrus ad Vincula — *Brachigenolli, Brachigenulli*, 1167 (F. de Quincy); *Brachagenulli*, 1178 (Cartul. gén. de l'Yonne); *Brachegenoil* et *Braichegenoil*, 1206-1217 (Cartul. Molesme); *Brachagenolia*, 1246 (Ibid).

192. CHESLEY (Sanctus Desiderius).— *Chaile* 1100 (Cartul. Molesme); *Chailiacum, Cheliacum*, 1101-1145 (Ibid.); *Chaale* 1179 (Cartul. gén. de l'Yonne); *Chaali, Cheeli, Chaaleium, Cheeleium*, 1220-1235 (Cartul. Molesme); *Chesley*, 1482 (F. Montiéramey).

193. CHESSY (B. V. Maria Assumpta). — *Cassiacus*, 670 (Pardessus, t. II, p. 153). *Chessiacus*, 1155 (Ordonnance des Roys de France, t. XI, p. 203); *Chassiacus*, 1220 (Cartul. Temple); *Chaissy*, 1291 (F. Quincy).

194. CHAOURCE (Sanctus Joannes Baptista). — *Cadusia*, 878 (F. Montiéramey; *Caduscia*, 896 (Duchesne, Maison-Vergy, *Preuves*, p. 19); *Cadussia*, 1117 (F. Montiéramey), *Chaorsia* et *Chaorse*, 1179 (Cartul. Clairvaux); *Chaouce*. XIIIᵉ siècle (Bibl. Troyes, ms 365); *Chaorces*, 1230 (Cartul. Comit. Campanie), *Chaource*, 1308 (F. Montiéramey).

195. *Cussangy* (Sanctus Leodegarius). — *Cusangiacum*, 1161 (Cartul. Sᵗ Loup); *Cussengi*, 1152-1180 (Feoda Campanie).

196. *Etourvy* (Sanctus Georgius). — *Stolvicus*, 879, (Cartul. gén. de l'Yonne); *Stolviacus*, 938 (Pérard, Recueil p. 162); *Atorviacus*, 1178 (Cartul. gén. de l'Yonne); *Estorviacus*, 1179 (Ibid.); *Estorveium*, 1230 (F. Quincy); *Estorvy*, 1285 (Comptes des recettes du Comté de Champagne); *Etorvy* et *Etourvy*, 1518 (Ch. de Balnot-la-Grange. — Archiv. commun.).

197. LAJESSE (Sanctus Martinus).— *Jaissa*, 1145 (F. Prieuré Foicy); *Jassiacum*, 1172-1222 (Le Livre des Vassaux des Comtes de Champagne). *La Jaisse*, 1181-1186 (Feoda Campanie).

199. LIGNIÈRES (Sanctus Martinus).— *Linerie*, 1173 (F. Clairvaux); *Linnerie* et *Linnieres*, 1172-1222 (Le Livre des Vassaux des Comtes de Champagne);

TEXTE DE 1435.   1732

200. Marolie : abbas Sancti Petri Molos-
     mi presentat . . . .   xx l. 40 g.   450 l.
201. Vanleyum : abbas monasterii Celle
     Trecensis presentat. . . . . . .   xl l. 70 g. 1000 l.

Additions tirées des pouillés du xvie *siècle*

PARROCHIÆ.

202. Balenodus : abbas de Quinciaco præsentat. iiijxx l.   400 l.
203. Chaonnes : episcopus confert . . . . . . vjxx l.   700 l
204. Chasereyum : abbas de Quinciaco præsent.   xv l.   400 l.
205. Cursus Gradus : abbas Sancti Michaelis Tor-
     nodor. præsentat . . . . lxx l.   400 l.

SUCCURSUS.

206. Davreyum, succ. Chaisiaci.

Lignarie, 1203 (F. Lépros. des Deux-Eaux); *Lineres*, 1222 (Vignier, Maison-Luxembourg, p. 227); *Lignerie*, 1270 (F. Quincy); *Linières*, XIIIe siècle (Bibl. Troyes, ms. 865) ; *Lignères*, 1379 (Dénombrem. gén. des fiefs).

200. Marolles (Sanctus Germanus). — *Matriole*, 1132 (Cartul. gén. de l'Yonne); *Marolles*, 1291 (F. Quincy).

201. Vanlay (Sanctus Joannes Baptista).— *Vanlay*, 1124 (F Quincy); *Venlacium* et *Vallaium*, 1152-1184 (F. Montier-la-Celle); *Vanlai*, 1179 (Cartul. gén. de l'Yonne); *Vanlay* et *Vanlaye*, 1172-1222 (Le Livre des Vassaux des Comtes de Champagne).

202. Balnot-la-Grange (B. V. Maria Nata). — *Balanum*, 1147 (Cartul. gén. de l'Yonne); *Grangia de Baleno*, 1167 (F. Quincy); *Grangia de Belono*, 1198 (Cartul. génér. de l'Yonne); *Grangia de Belono*, 1210 (F. Quincy); *Baleno Grangia Quinciaci*, 1214 (Brussel, p. 830); *Balnot*, 1379 (Bibl. imp F. Franç., 5995).

203. Channes (B. V. Maria Nata). — *Chaonnes*, 1141 (F. Quincy); *Cheonnaium*, 1219 (Cartul. Molesme).

204. Chazeray (Sanctus Edmundus) — *Chazereum*, 1224 (F. Quincy); *Chaxeri*, 1141 (ibid); *Chazareium*, *Chazare*, *Chazere*, 1178 (ibid.); *Chaxerey*, 1220 (ibid).

205. Coussegrey (B. V. Maria Assumpta).— *Curtis secreta*, vers 992 (Cartul. gén. de l'Yonne); *Corcegre*, 1124 (F. Quincy); *Curcigre*, 1167 (ibid) ; *Corchegre*, 1178 (Cartul gén. de l'Yonne); *Cursegradus*, 1179 (Gallia Christ., t. IV, *Instr.* p. 180); *Courcegre*, 1244 (F. N.-D.-aux-Nonnains); *Culcegrade*, 1262 (F. Chapitre de Mussy).

206. Davrey (C. V. Maria Assumpta).— *Daveri*, *Davriacum*, *Davriet*, 1201 Feoda Campanie); *Daverey* (Cart. de Sanson); *Davré* (Cassini).

207. Les Granges, succ. Cussangeii.
208. Metz-Robert, } succ. Chaorsiæ.
209. Pargues, }
210. Turgeyum, succ. Vanleii.
211. Vallieres, succ. Cussangeii.
212. Villarium in Bosco, succ. Tricheii.
213. Les Maisons, chapelle vicariale dépendant
    de la paroisse de Chaource.

CAPELLÆ (copie de 1605, fol. 146 rᵒ).

214. Capella Sancti Jacobi, de Coussegreyo. In donat.
    Gerardi Noiron, vel ejus hæredum. .   xv l.
215. Capella B. Mariæ Virginis, de Bernone. In
    donat. domini temporalis loci. . . . xxiv l. 124 l.
216. Capella B. Mariæ Virginis, de Jassiâ. In
    donat. dominorum temporalium loci. . x l.   53 l.
217. Capella Sancti Joannis Baptistæ, in ecclesiâ de Chaorsiâ. In præsent. domini du
    Moustier; alias de Chesleyo. . . . . viiixx l. 500 l.
218. Capella Sancti Georgii, de Chaorsiâ. *Ut*
    supra, de Chesleyo. . . . . x l 150 l.

---

207. Les Granges Sanctus Sebastianus). — *Les Granges*, 1401 (F. Montié-ramey); *les Granges-lex-Pont-Belin*, 1543 (F. Montier-la-Celle).
208. Metz-Robert (B. V. Maria Assumpta). — *Mansus Roberti*, 1165 (F. Montiéramey); *Maisnil Robert*, 1223 (Cartul. Comitum Campanie); *Mesus Roberti*, 1242 (F. N.-D. des Prés) ; *Mesrobert*, 1321 (F. Montiéramey); *Mexrou-bert*, 1401 (ibid.); *Meix Robert*, 1543 (F. Montier-la-Celle).
209. Pargues (B. V. Maria Nata). — *Parge*, 1117 (Cartul. Montiéramey).
210. Turgy (Sanctus Lupus). — *Turigeius*, 877 (Cartul. génér. de l'Yonne) ; *Turgeius*, 1179 (*Gallia Christ.*, t. IV,, *Instr.* p. 189) ; *Turgy*, 1465 (Ordonn. des Roys de France, t. XVI. p. 373).
211. Vallièrss (Sanctus Benignus).— *Valere*, 877 (Cart. génér. de l'Yonne); *Valerie*, 1179 (ibid.) ; *Valiere*, 1201 (Feoda Campanie).
212. Villers-le-Bois (Sanctus Joannes Baptista). — *Viler*, 1135 (Cartul. Molesme); *Villare*, 1159 (ibid.); *Villare in Boscho*, 1261 (F. Quincy); *Villare in bosco*, 1262 (ibid).
213. Les Maisons (Sanctus Sebastianus).— *Les Maisons*, 1547 (Arch. de Chaource).

219. Capella Sancti Nicolai, in castro de Chaorsiâ. In donat. domini temporalis loci.

Additions tirées du pouillé de 1732.

PARROCHIÆ.

220. Parochialis ecclesia de *Turgy*. In præsent. domini
temporalis loci . . . .   500 l.
221. Les Croûtes, capella vicarialis annexa parrochiæ
de *Percey*. In præsent. abbatis Sancti Michaelis
Tornodorensis . . . .

CAPELLÆ.

222. Capella dominæ *Hénault*, vel Sancti Joannis ante
Portam Latinam, in ecclesiâ de *Chaource*. Unita
Collegio de *Chaource*, die 12 dec. 1732. . . .   118 l.
223. Capella Sancti Sepulchri in ecclesiâ de *Chaource*.
In præsent. domini temporalis de *Chesley*. . .   93 l.
224. Capella Sancti Thomæ de Cantorberiis in ecclesiâ
de *Bragelogne*. In disposit. episcopi. . . . .   40 l.

---

221. LES CROUTES (Sanctus Sebastianus).— *Crote*, 1222-1220 (Feoda Campanie); *les Croutes* (Cassini).

CHAPITRE II

EXTRAITS DES POUILLÉS DE SENS

—

§ I. — *Archidiaconatus Major.* — *Decanatus Sancti Florentini.*

TEXTE DU XVᵉ SIÈCLE. 1752.

PRIORES.

225. Prior de Ausono : abbas Sancti Petri Vivi . . . . 500 l.
226. Prior de Nogento : unit. cum Prioratu de Flaciaco.
227. Prior de Voonon : ord. Sancti Benedicti. . . . . 220 l.

Addition tirée des pouillés du xviiᵉ *siècle et de* 1752.

228. [Monstiérault *alias* Monstier-Lérault (Par.
d'Ervy), ordre de Saint Benoît. Collateur :
Saint-Germain d'Auxerre. Revenu au xviiᵉ
siècle : 800 l.] . . . . 600 l.

	PARROCHIE	1752	Commun.
229. Ausonum : abbas Sancti Petri Vivi presentat.		700 l.	260
230. Coursant : archiepiscopus confert. .	ᴍᶜᶜ l.	1300 l.	230
231. Curia Augiti, *alias* Curia Augusti : archiepiscopus confert	ᴠɪɪˣˣ l.	700 l.	150

---

229. Auxon. (Sanctus Petrus). *Also*, 869 (Cartul. gén. de l'Yonne); *Auso*, 1063 (ibid.); *Ausus*, 1146 (ibid); *Auxon*, 1179 (ibid.); *Auxon*, 1465 (Ordonn. des Roys de France, t. XVI, p, 373).

230. Coursan (Sanctus Martinus). — *Cursiacus*, 1146 (Cartul, gén. de l'Yonne); *Corsant*. 1229 (Cartul. Comitum Campanie); *Corsanz*, 1256-1270 (Feoda Campanie); *Coursan*, 1463 (F. N.-D.-aux-Nonnains).

231. Courtaoult (B. V. Maria Assumpta). — *Cortao*, 1152-1180 (Feoda Campanie); *Courtaoult*, 1465 (Ordonn. des Roys de France, t. XVI, p. 373).

TEXTE DU XVᵉ SIÈCLE.   1732 Commun.

232. Ervyacum Castrum : abbas Sancti Germani Antissiod. presentat. . .		1200 l.	900
233. Montfeil : archiepiscopus confert. .	iiᶜ l.	900 l.	250
234. Racines : archiepiscopus confert. .	iiᶜ l.	500 l.	270
235. Villanova ad Iter : archiepiscopus confert. . . . . iiiixx l.		400 l.	140
236. Voonon : archiepiscopus confert. .	vixx l.	700 l.	250

Additions tirées du pouillé de 1732.

237.	Paroisse de Nogent-en-Othe : l'archevêque est collateur. .	500 l.	60
238. Chapelle vicariale de Montigny-la-Coudre : l'archevêque est collateur].		

CAPELLE.

239. Capella Domus domini de Brossia, in parochia de Montefolio : archiep. confert. . . . . xv l.

---

232. Eɴᴠʏ (Sanctus Petrus ad Vincula).— *Erviacus*, 1101 (Cartul. Molesme); *Arviacus et Arviacus castrum*, 1143 (Cartul. génér. de l'Yonne); *Erveius et Arvi*, 1147 (ibid.); *Hervy, Ervi et Ervy*, 1152-1180 (Feoda Campanie); *Ervy le Chastel*, 1461 (Ordonn. des Roys de France), t. xv, p. 429); *Ervy le Bois*, 1480 (ibid., t. XVIII, p. 579).

233. Moɴᴛꜰᴇʏ (Sanctus Leodegarius. — *Monsfelium*, 1148-1160 (Cartul. Larrivour); *Monfuel*, 1152-1180 (Feoda Campanie); *Monifueil*, 1172-1222. (Le Livre des Vassaux des Comtes de Champagne); *Monsfolie*, 1243 (Cartul. Molesme); *Monifey*, 1465 (Ordonn. des Roys de France, t. XVI, p. 373).

234. Rᴀᴄɪɴᴇꜱ (Sanctus Eligius). — *Radices*, 1147 (Cartul. génér. de l'Yonne); *Racine*, 1153 (F. Montier-la-Celle); *Racines*, 1201 (Feoda Campanie).

235. Vɪʟʟᴇɴᴇᴜᴠᴇ-ᴀᴜ-Cʜᴇᴍɪɴ (Sanctus Joannes Baptista). — *Villa nova juxta Voenon*, 1178 (Bibl. Imp. Coll. Champagne, t. CXXXVI, p. 198); *Villa de Chimino juxta Voonon*, 1223 (F. Montiéramey); *Villa nova de Chemino*, 1227 (Cartul. Comit. Campanie); *Villeneuve-au-Chemin*, 1285 (Comptes des recet. et dép. du comté de Champagne).

236. Voꜱɴoɴ (Sanctus Blasius). — *Vulno*, 840 (Chronic. S. Benigni Divion.); *Voenon*, 1165 (F. Foicy); *Vosnon*, 1152-1180 (Feoda Campanie); *Voonon*, 1223 (F. Montiéramey).

237. Noɢᴇɴᴛ-ᴇɴ-Oᴛʜᴇ (B. V. Maria Nata). — *Nogentum*, 1135 (Cartul. Molesme); *Nogennum*, 1144 (ibid.); *Nogent*, 1180-1195 (ibid.); *Nogentum in Otha*, 1214 (Archiv. de l'Empire, t. I, p. 403).

238. Moɴᴛɪɢɴʏ (Sanctus Nicolaus). — *Monteniacum*, 1145 (Cartul. Molesme); *Montigniacum*, 1181-1186 (Feoda Campanie); *Montigni*, 1238 (F. N.-D. Nonnains).

TEXTE DU XVe SIÈCLE. 1732

240. Capella Sancti Nicholai in ecclesia de Ervyaco . .

Addition tirée du pouillé de 1732.

241. [Chapelle de Notre-Dame de la Coudre, près d'Auxon,
autrefois présentée par l'abbé de Molesme].

242. Leprosaria de Ervyaco castro : archiepiscopus confert. . . . . xxx l. 120 l.

243. Domus Dei de Ervyaco castro.. . . . . .

Addition tirée du pouillé de 1732.

244. [La Maladrerie d'Ervy valant 120 livres, et celle de
Villeneuve-au-Chemin valant 70 livres, sont réunies
à l'Hôtel-Dieu d'Ervy-le-Châtel].

§ II. — *Archidiaconatus Major.* — *Decanatus Riparie Vanne.*

TEXTE DU XVIe SIÈCLE. 1732 Commun.

PARROCHIE.

245. Curia mei avunculi : capitulum Senonense presentat . . . . 200 l. 30
246. Poissiacum : archiepiscopus confert. ii ^e l. 1100 l. 150
247. Rigniacum le Ferron : archiepiscopus
confert. . . . . ii ^e l. 500 l. 300
248. Seant : archiepiscopus confert. . . viii^{xx} l. 1100 l. 600

---

245. Courmononcle (Sanctus Gengulfus). — *Curia Monunculi*, 1163 (Cartul. gén. de l'Yonne) ; *Cormononcli*, 1165 (ibid.) ; *Cortimununcle*, 1172-
1222 (Le Livre des Vassaux des comtes de Champagne) ; *Cormonuncle*, 1228
(F. Vauluisant) ; *Curtis mei avunculi*, 1266 (ibid.).

246. Poivy (Sanctus Joannes Baptista). — *Poisi*, vers 1140 (Cartul. Clairvaux) ; *Poiseium*, 1147 (F. Paraclet) ; *Poiseum*, 1148 (Cartul. gén. de l'Yonne) ;
Poisiacum, 1153 (Cartul. Paraclet) ; *Poisy*, 1181-1185 (ibid.) ; *Poissi*, 1186
(ibid.).

247. Rigny-le-Ferron (Sanctus Martinus). — *Regniacum*, 1125 (F. Vauluisant) ; *Regniacus*, 1146 (Cartul. gén. de l'Yonne) ; *Rigni*, avant 1150 (ibid.) ;
Reigniacum et *Raigniacum*, 1195 (F. Vauluisant) ; *Reigny le Ferron*, 1222-
1229 (Feoda Campanie) ; *Ferranz*, 1236 (Chantereau, t. II, p. 215) ; *Rigni le
Ferron*, 1260 (F. N.-D. des Prés).

248. Bérulles (B. V. Maria Nata) — *Séant*, 1145 (F. Prieuré de Foicy) ;
Saiant, 1146 (Cartul. gén. Yonne) ; *Saiantius*, 1155 (ibid.) ; *Seantius*, avant
1150 (ibid.) ; *Soiant*, 1184 (ibid.) ; *Sevant*, 1184 (ibid.) ; *Bérulles* (Cassini).

TEXTE DU XVe SIÈCLE.   **1732 Commun.**

249. Vullaines : archiepiscopus confert. . ix^{xx} l.   800 l.   70

CAPELLA.

250. Capella B. Marie in domo domini de Rigniaco le Ferron : dominus loci presentat.

Addition tirée du pouillé de 1732.

251. [La chapelle de le Ferron n'a point de revenu ni de titulaire].

§ III. — *Archidiaconatus Major.* — *Decanatus Trianguli.*

TEXTE DU XVe SIÈCLE.   **1732 Commun.**

PRIORES.

252. Capitulum ecclesie collegiate SS. Trinitatis de Triangulo, ubi sunt 5 canonici cum decano, cantore, thesaurario et succentore, qui spectant ad collationem domini loci cum decano qui eligitur, et confirmatur per dominum archiepiscopum . .

253. Prior de Tabulis Trianguli SS. Gervasii et Protasii . . . .   500 l.

254. Priorissa conventualis B. Marie Magdalene de Triangulo . . . .

PARROCHIE.

255. Corcerreyum : archiepiscopus confert. . . . . iiii^{xx} l.   600 l.   100

256. Fontenetum Boissery : archiepiscopus confert. . . . . ii^c l.   1300 l.   50

---

249. VULLAINES (Sanctus Antonius). — *Vullaines*, 1328 (Recueil d'aveux).

255. COURCEROY (Sanctus Petrus). — *Corcerreium* et *Corcerreuim*, 1236 (F. Scellières) ; *Courcerreium* et *Courcelroy*, 1261 (Paraclet) ; *Corcerroi*, 1270 (F. Vauluisant).

256. FONTENAY-BOSSERI (Sanctus Joannes-Baptista). — *Bosecirai*, 1172-1222 (Le Livre des Vassaux des comtes de Champ.) ; *Fontenetum en Bauseri*, 1222 (F. Vauluisant) ; *Fontaneuim Bausseri*, 1224 (ibid.) ; *Fontenetum Bauseri*, 1256 (ibid.) ; *Fontanetum Bauxeri*, 1278 (ibid.) ; *Boyzeris*, 1315 (Cartul. Paraclet).

TEXTE DU XVᵉ SIÈCLE. 1732 Commun.

257. Gumeryacum : capitulum Senonense
presentat. . . . .   1400 l. 150
258. Plessetum Gastebled, *succursus Mon-*
tignyaci Guesderii : capitulum Se-
nonense presentat. . . . . . .   800 l. 100
259. Sancta Maria de Triangulo : prior de
Tabulis presentat . . . . . .   900 l. 150
260. Tabule Trianguli : abbas Cormeriac.
presentat. . . . .
261. Tilliacum, *alias* Motha Thiliaci : archiepiscopus confert . . . . . .   u ᶜ l. 1100 l. 300

CAPELLE.

262. Due Capellanie ad magnum altare
domus Dei Trianguli, valet que-
libet xx l. : archiepiscopus confert   xl l.
263. Capella seu altare B. Marie predicte
domus Dei : archiepiscopus con-
fert . . . .   x l.
264. Capella de Gumeriaco : capitulum
Senonense presentat. . . . . .

---

257. Gumery (Sancta Severa). — *Gutmeriacum*, 1107 (Cartul. Molesme);
Gumeri, 1147 (F. Paraclet); *Gumerium*, 1163 (Cartul. génér. de l'Yonne);
Gumery, 1250 (Cartul. Scellières).

258. Plessis-Gatenleo (Sanctus Jacobus Major). — *Plaisit, Plasit, Plesi,*
vers 1140 (Cartul. Larrivour); *Pleisit, Plasei*, 1161 (ibid.); *Vasteble*, 1161
(ibid.); *Gasteble*, 1217 (Mém. de l'Académie des Inscriptions...., t. xxvi,
p. 695).

260. Trainel (Sancti Gervasius et Protasius). — *Triangulum*, 1107 (Cartul.
Molesme); *Triagnel*, 1127 (Gallia Christ. t. XII, Instr. p. 30); *Trainel*, vers
1140 (Cartul. Larrivour); *Triangnellum*, 1145 (Cartul. Sᵗ Loup); *Triannel*,
1151 (Gallia Christ., t. XII, Instr. p. 37); *Tregnel*, 1205 (F. Paraclet); *Trai-*
nellum, 1234-1243 (Feoda Campanie); *Trynel*, 1268 (Cartul. Champagne);
Traignel, 1282 (Cartul. Paraclet); *Traynel*, 1350 (Ordonn. des Roys de
France, t. X, p. 479).

261. La Motte-Tilly (Sancti Petrus et Paulus). — *Tilleium* et *Tillianum*,
1147 (F. Paraclet); *Teilleium*, 1194 (Cartul. Paraclet); *Tilli*, 1263 (ibid.);
La Mothe de Tilly, 1412 (Ordonn. des Roys de France, t. X, p. 16).

265. Capella domini de Motha Tilliaci :
    archiepiscopus confert . . . . .
266. Capella de novo fundata in ecclesia
    de Gumeriaco : capitulum Seno-
    nense presentat . . . .

Additions tirées du pouillé de 1732.

267. | La Louptière, annexe de Sᵗ Gervais des Tables.
268. Il y quatre chapelles dans l'église de l'Hôtel-
    Dieu de Trainel : collateur, l'archevêque. —
    Trois dans l'église de la Trinité : collateur,
    l'archevêque. — Une dans l'Eglise de Notre-
    Dame : patron, le seigneur temporel |.
269. Domus Dei de Triangulo : archiepiscopus
    confert . . . . v ᶜ l.
270. Leprosaria de Triangulo . . . . xxx l.   500

N. B. — A la page 13, dans le résumé des paroisses de l'ancien
doyenné de Bar-sur-Aube, nous avons omis la paroisse de Colombé-la-Fosse : cⁿ eccl., Ville-sur-Terre. — Cⁿ civ., Soulaines.

---

267. LA LOUPTIÈRE-THÉNARD (Sanctus Joannes ante Portam Latinam). —
La Lostière et *La Louvetière,* 1172-1222 (Livre des Vassaux du comté de
Champagne); *Lupiraria,* 1245 (Cartul. Scellières, fol. 59 vᵉ).

TABLE ALPHABÉTIQUE
DES

Paroisses acquises par le Diocèse de Troyes,

EN 1801.

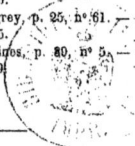

TABLE DES MATIÈRES

INTRODUCTION

PREMIÈRE SECTION. — DIOCÈSE DE LANGRES

DEUXIÈME SECTION. — DIOCÈSE DE SENS.

SECONDE PARTIE

EXTRAITS DES POUILLÉS DE LANGRES ET DE SENS

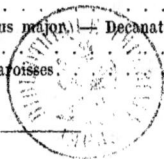

www.ingramcontent.com/pod-product-compliance
Lightning Source LLC
LaVergne TN
LVHW020951090426
835512LV00009B/1832